JN280397

華僑のいま

日中の文化のはざまで

広田寿子

新評論

はじめに

　本書は、日本で会社を起こし、精力的に事業展開している一二人の華僑経営者を選んで紹介したものである。いったい彼らは、日本と中国という二つの文化の狭間でどのようにビジネスを進めているのだろうか。また、斬新なアイデアの背景にはどんなバックグラウンドが隠されているのであろうか。新聞や経済誌で報じられているように成長を続ける中国マーケットと経済大国の日本のマーケットを睨みながら、将来の戦略はどのようなものなのであろうかを探ってゆきたい。

　法務省の「在留外国人統計」によると、日本に住む中国人の数は、二〇〇一（平成一三）年度末の統計によると三八万一二二五人で、「韓国、朝鮮籍」に次いで二番目の勢力となっている。そのうち約四分の三は、「新華僑」といわれる中国の改革・開放政策（一九七九年）後に来日した若い世代の人たちで、国費留学生として中国政府から派遣された人、中国の大学を卒業したのちにその専門知識を請われて日本企業に就職した人などエリートも少なくない。我々の身近なところで暮らしているが、これまであまりその経歴や生活が知られることの少なかった在日華僑のリアルな姿に迫っていくことにする。

「華僑、華人の本を書いている」と言うと、半数以上の人が一瞬戸惑い、そして「エッ、かじん？　歌人の本を書いているの」と聞いてくる。そのほかには、アンダーグラウンドの世界、犯罪につながるような暗闇の世界を想像した人もいる。華僑、華人とは、ともに海外で生活する中国人のことで、「華僑」は中国国籍を保持している人、「華人」とは現地国籍を取得した人のことをいう。現在、アジア地域をその主なエリアとして、北米、欧州、豪州などほぼ世界全域に散らばっており、その数は約六〇〇〇万人に上る。

中国人の海外移住が本格的に始まるのは一七世紀以降のことであるが、二〇世紀初頭に中国南部地方を中心とする凶作による飢饉のために移民の数が激増した。新天地を求めた人たちの出国ラッシュが続き、彼らは華僑の相互扶助に支えられながら異国に根を張っていき、経済力をつけていった。とくに、移民の多い東南アジアでは政界、財界の実力者にのし上がった人も少なくない。

ところで、一般的な日本人が抱いている華僑のイメージといえば、やはり中華街に集まって住み、レストランや雑貨商を営んでいるというものであろうか。日本に中国人が本格的に住むようになったのは一六世紀後半とされているが、ここで在日華僑の歴史について簡単に触れてみることにしよう。

一六世紀末の日本では、長崎、平戸などの港で、中国、オランダ、ポルトガル、イギリスなどとの間で通商が行われていた。とくに、一五七一年の長崎開港以降、来日する外国人商人の数は増え、長崎市民との交流も活発であった。とりわけ中国人は民族、日常習慣が日本人に近いところから親しみをもって迎えられ、街中に雑居したり、日本婦人と通婚して永住する人も珍しくはなかった。当時の統計によれば、一六八九年の長崎市の人口は五一三九五人で、市内に宿泊している中国人の数は約一万人、つまり六人に一人が中国人であった。

江戸時代初期、徳川幕府はキリスト教の禁圧と密輸取り締りのために鎖国政策をとり、外国貿易を制限した。開港地は長崎一港と定められ、貿易相手国も中国とオランダの二ヶ国に制限された。外国商人の行動も監視下に置かれるようになり、オランダ人は長崎の出島に造られた商館に、中国人は長崎市内に設けられた「唐人屋敷」に隔離されて、庶民との接触は一切禁じられた。

一八五三年、アメリカのペリー提督（一七九四～一八五八）が大統領の親書を持って開国を迫り、翌年、日本はアメリカと「日米和親条約」を締結して箱館（函館）、下田港を開港して三〇〇年間続いた鎖国時代は終わりを告げた。続いて日本は、アメリカ、オランダ、ロシア、イギリス、フランスと通商条約（安政の五ヶ国条約）を結び、横浜、長崎、新潟、神戸をも開港した。

日本が開国したという情報を聞きつけると、欧米の商人たちが続々と来日したが、そのとき、中国人の「買弁」（中国にある外国商館などが中国人商人との取引の仲介手段として雇用した人）や中国人の使用人たちを同伴した。アヘン戦争後、欧米の商社は中国を基地にして手広い商売を行っていたからである。来日した欧米人たちは、日本政府が定めた外国人居留地に商館や住居を構えたが、日本は中国と条約を締結しなかったために中国人は居留地に住むことは認められず、居留地に隣接する地域に住居を構えた。そして、次第に住居の間に雑貨商、飲食店、漢方薬品店などが軒を並べるようになり、これが現在の横浜、神戸、長崎の中華街の始まりとなった。

その後、一八七一年に清国との間に「日清修好条規」が締結され、中国人の法的地位が保証されると、来日する中国人の数が増加した。商人、職人のほかに、商人の使用人として来日する人もいた。一八九四年に日清戦争が勃発すると帰国する華僑が続出したが、戦後、日本経済の景気回復に従って華僑はまた来日して、農業、漁業、鉱業、土木、建築などに従事する単純労働者が増えた。

そのため日本は、一八九九年の条約改正の中で、外国人単純労働者に関しては庁府県長官の許可を受けなければならないとし、その入国を制限した。これ以降、華僑の仕事は、商業と洋服仕立て、料理、理髪の「三把刀《さんばとう》」（洋服仕立ての挟、中華料理の包丁、理髪の剃刀）が二本柱になった。

大正時代になると、第一次世界大戦下の好景気に乗り、日本の産業は軽工業から重化学工業へと移行していく。独占資本主義が確立し、日本は資源と市場拡大を求めて中国に進出するようになった。これに対して、中国では、一九一五年に日本がつきつけた「対華二十一ヶ条」(欧米諸国の後退にともない、ドイツの山東省権益の継承など権益拡大を要求)に反対して一九一九年の「五四運動」(中国民衆の反帝反封建運動)など抗日運動が起こり、両国の間には緊張と対立が高まった。このような情勢の中で、在日華僑の経済的地位は著しく低下して、貿易業者は日本の大商社に取って代わられ、三把刀に鞍替えする人が多くなった。

第二次世界大戦以前の華僑人口のピークは一九三一年の満州事変の直前で約三万人に達したが、満州事変以降は、日本政府は在日華僑に対して政治的、経済的に弾圧するようになったために帰国する華僑が増えた。

一九三七年に日中全面戦争に突入してからは華僑は行動の自由を奪われ、官憲の厳しい監視の下に置かれただけでなく家宅捜査や拘禁なども行われ、その状態が終戦まで続いた。

一九四五年、第二次世界大戦の終結とともに台湾への植民地支配に終止符が打たれ、台湾出身者は中国国籍を回復して華僑の数に加えられた。

一方、中国大陸では、一九四九年に共産党が指導する中華人民共和国が成立し、台湾には国民党が支配する政府が設立され中国は分裂した。日本はアメリカに追従して国民党政府を支持し、共産党政府を承認しなかったために中華人民共和国との国交が断絶して、大陸出身者は里帰りの道が閉ざされてしまった。

戦後の日本は高度成長期の波に乗って経済回復、発展を遂げたが、華僑はその恩恵をあまり受けられず、失業者が多く生活は苦しかった。商売を始めても銀行から融資を受けられない、大学を卒業しても日本の一流企業には就職できないなど、日本社会の中で差別を受けた。

事態が好転するのは一九七二年の「日中国交正常化」である。アメリカのニクソン（一九一三〜一九九四）元大統領の訪中に続き、田中角栄（一九一八〜一九九三）元首相が中国の周恩来（一八九八〜一九七六）元首相と会見して、日中国交正常化が実現した。これ以降、両国間の経済活動は飛躍的に発展し、祖国帰還など人の往来も認められるようになった。

中国の一般人の渡航が自由化されるのは、先にも述べたように、鄧小平（一九〇四〜一九九七）が提唱した「改革・開放政策」以降である。若い世代の人を中心に就学、就労を目的とする来日が相次ぎ、改革・開放政策以前から日本に在住していた華僑を数の上で凌いだ。とくに、一九八九年の「天安門事件」は若者に民主主義の意識を駆り立て、豊かで自由な西側諸国への出国を促した。日本の法務省の統計によると、一九九〇年代に入ってからの在留中国人数は、一九九二年（平成四）に一九万五三三四人、一九九六年（平成八）に二三万四二四六人、そして二〇〇一年（平成一三）末には三八万一二二五人に達し、八年間で約二倍に増加している。

一方、横浜、神戸などの中華街で生活している中国人は、戦前に来日した人の子どもや孫で、先代の事業を引き継いでいる二世、三世が多く、新華僑に対して「老華僑」と呼ばれている。

さて、筆者と「華僑」との最初の出会いは八年前の一九九五年、マレーシアを旅行をしたときだ。タイ国境に近い小さな島ペナン島で、福建省出身の華僑クー（辜）一族が祖先をまつるために建立した寺を訪れたのがきっかけとなった。クー家は一八世紀半ばにペナンに移住し、その子孫は現在もペナン島で暮らし、ペナンの華僑社会の有力者として地元の人々に一目置かれている。寺を建立したのは三世のクー・コンシー（辜　鴻銘）で、幼いときから神童として知られ、在留していたイギリス人に伴われて渡英してエジンバラ大学を卒業した後、中国に帰り官吏に登用された。

寺は全体が金、赤、緑色に彩られ、屋根の四隅には黄金の龍が配置されるなど、その煌びやかさはまるで別世界のようであった。しかし、その中に入ると、外観の派手さとは打って変わって色彩的に地味で、黒檀の調度品など中国の古美術品などが展示されていた。さらに本堂の裏の部屋に回り込んだとき、意外なものを発見した。壁一面に掲げられた一族の一人ひとりの経歴をレタリングした銅板であった。名前、生年月日、出身校、職業などを英語と中国語で記載してあり、銅版の数は一〇〇を優に超えていた。その中には、医者、弁護士、大学教授、企業家など社会的地位の高い人の経歴もあった。

華僑は貧困から逃れるために中国を脱出したが、移民先で待っていたのは、それにも増して、言語、文化、習慣が違う厳しい環境であった。そんな中で彼らが生き延びていくために頼りにしたのが同郷者や親族であったが、とりわけ、血縁関係のある人との繋がりを大切にしたと思われる。このようにして移民先に根を張ってゆき、ある人は事業で成功したり、社会的に高い地位に就いた。経済的に余裕ができた華僑は、福祉、教育面で同胞をバックアップしたり、自分たちの祖先をまつる寺を建立した。つまり、クー・コンシーなどの華僑が寺を建立する目的の一つは、一族の歴史と繁栄を内外に示すものと考えていいのではないだろうか。

この華僑寺で見たことは、長い間、筆者の記憶から拭い去られることはなかった。そして、マレーシア旅行から二年後の一九九七年についに意を決して、社会人として青山学院大学大学院修士課程に入学し、華僑社会の研究をすることを決めた。修士論文の研究テーマとして選んだのは、「グローバル化時代の華僑とそのネットワークの役割」で、マレーシアの華僑寺に見られるような「血縁」ネットワークをはじめ、「地縁（同郷者）」ネットワーク、「業縁（同業者）」ネットワークの華僑の三大ネットワークが時代とともにどのように変化していったかという研究である。

実際、冷戦崩壊後、経済の重みが増すと華僑の商活動は活発化し、華僑ネットワークもそれまでの相互扶助から華僑の経済活動を助ける役割へと変化している。シンガポールのリー・クワンユー元首相（一九二三〜）の提唱によって一九九一年に創設された「世界華商大会」は、今も二年に一度世界中から華僑経営者が集まって開かれているが、セミナーの開催、開催国の財界・政界人との交流、参加者間の情報交換などが行われており、まさしくこの「業縁」ネットワークが変遷してできたものだと考えられよう。

ところで、日本の華僑のことについて書きたいと思ったのは、大学院を修了した一年後のことである。インターネット通じて、日本で初めての全国規模の華僑経営者団体の「日本中華総商会」(URL:http://www.soyi.co.jp/ccj)が創立されたことを知り、これが再び筆者を華僑に引き戻すきっかけになった。大物華僑が育ちにくいといわれている日本の風土の中でこのような華僑団体が設立されるということに驚きを覚えるとともに、日本の華僑社会にもグローバル化の波が押し寄せていることを実感した。

今回、取材した一二人の華僑経営者の内訳は、老華僑三人、新華僑九人である。各経営者に共通しているのは、「ゼロからの出発だ」ということである。

老華僑経営者は、日中国交正常化前の華僑の苦難時代を経験している。新華僑も、元手なしという状態から細々と商売を始めた。新華僑経営者のほとんどは起業しようとしたとき、「資本金だけでなく、何もない。失うものはなかった」と言っているが、その彼らが数十人の社員を雇用するまでに会社を発展させてきた背景にはどのような秘訣があったのだろうか。また、いかなるパワーが秘められているのだろうか、と思わず考えてしまう。

その一方で日本社会は、長引く不況の中でリストラが断行されたり、定職をもたないフリーターが増えており、先行き不透明な状況が続いている。さらに、「二一世紀は、勝ち組み、負け組みに分かれる時代ではない。共生、共存、共栄の時代にしていかなければならない」と言われる時代の中で、一人ひとりが従来のやり方に依存しないで、独自の生き方を模索する必要があるように思う。まずは、身近なところで暮らすアジアの隣人を知り、互いに学びあうことから始めていかなければならないのではないだろうか。

もくじ

黒龍江省
ハルビン
長春
吉林省
瀋陽
遼寧省
寧夏
回族自治区
内蒙古自治区
フフホト
北京市
天津市
石家荘
太原
銀川
河北省
済南
陝西省
山西省
山東省
蘭州
鄭州
西安
河南省
安徽省
江蘇省
無錫
南京
崇明島
上海市
湖北省
武漢
合肥
四川省
杭州
寧波
重慶市
浙江省
南昌
湖南省
長沙
江西省
福建省
貴州省
福州
貴陽
台北
台湾
広西チワン族
自治区
広東省
広州
香港
南寧
澳門(マカオ)
海南省
海口

中華人民共和国地図

華僑のいま——日中の文化のはざまで

1 ライフワーク

王《おう》 春華《しゅんか》

“日本で第二の人生をみつけた” ニューコン社長・王春華さん

東京国際フォーラムで創業一〇周年パーティ

二〇〇一年一二月一〇日、東京に本社を構える在日中国系企業の創業一〇周年パーティが東京・有楽町の「東京国際フォーラム」の「ホールB」で行われた。

東京国際フォーラムは、旧東京都庁跡にアメリカの有名な建築家であるラファエル・ヴィニオリ氏によって設計された地上一一階、地下三階の現代的な建物である。館内は八ヵ国同時通訳システムを完備した多目的スペースのホールBのほか、日本最大規模の五〇〇〇人以上を収容できる「ホールA」、最新の音響設備を完備している「ホールC」などがあり、まさに国際都市東京を代表する施設である。展示場、会議、劇場としての設備も充実しているため、常時、国際的なシンポジウム、医学・学術集会、著名な企業の展示会、人気ミュージシャンのコンサートなどが開かれ、とくに三月、四月には、大規模な大学の卒業式や入学式、企業の入社式が行われることでも知られる。二〇〇二年の主なものを挙げてみると、芝浦工業大学、北里大学、上智大学の学位記授与式が、万有製薬、ロイヤルの企業の入社式が行われた。

ところで、ホールBを半日借り切ったその中国系企業は、会社の歩みを描いたビデオ上映に続いて講演と食事会、そしてマリンバの演奏会を開いた。食事は立食形式ではなく、各テーブルに招待客の名札が立てられて、フルコースの西洋料理が出された。ホールBは建物の最上部にある七、八階に位置しているので、広く開いた窓からは皇居外苑を望むことができ、出席者はさぞかし心地よい気分でそのひと時を過ごしたものと思われる。

この日の招待客数は約二〇〇人。来賓客の中には、日中国交正常化に貢献した元外相園田直氏夫人で前参議院議員の園田天光光《そのだてんこうこう》氏、日中協会理事長の白西紳一郎氏、中国大使館の公使参事官ら日中両国に関係の深い人々の顔もあった。

いったい、当日の費用はどのくらいかかったのだろうか。東京国際フォーラムのホームページを見てみると、ホールBの使用料金は一二八万三〇〇〇円（一三時から二二時まで）で、これに二〇〇人分の食事代のほか、マリンバ奏者に支払った費用などが加わることになる。総額となると……。

そんな盛大なパーティを開いたのは、東京・荒川区にある「ニューコン株式会社」で、コンピュータのソフト開発を業務としている。経営者は五九歳になる中国人の王春華《おうしゅんか》さん。一一年前に家族とともに来日し、一人でソフト開発を行ってスタートした会社だ。

王さんは社長あいさつの中で、創業以来、会社が順調に発展してきたことを報告し、感謝の意を表すとともにこれをひと区切りとしてさらに飛躍させていく決意を述べた。

実直な学究肌タイプ

山手線、京浜東北線、常磐線、京成電鉄、地下鉄千代田線が通る日暮里駅の南口を出ると、そこには江戸時代から続く下町が広がる。江戸幕府六代将軍徳川家宣《いえのぶ》（一六六二～一七一二）の生母がまつられている「善性寺」や、俳人・正岡子規（一八六七～一九〇二）がひいきにしていた老舗の団子屋「羽二重団子（旧名・藤の木茶屋）」などがある。その一方で、駅前の商店街には韓国、中国などの食材専門店、ブームの「垢すりエステ」などの看板がここかしこに見られ、時代の波がこの歴史の町にも押し寄せていることを感じる。

善性寺の境内の早咲きの枝垂れ桜の開花が始まった、陽気な初春の日に王さんを再訪した。善性寺の隣りにある、一〇階建てのチョコレート色のビルの五、六、九階がニューコン本社だ。約束の時間の一〇分前になったとき、日暮里駅から見覚えのある中年男性が連れの女性と歩いてくるのに気がついた。この二人の態度はまったく対照的であった。女性の方は、対向者の私に目をくれることなく中国語で男性に話しかけるのに対して、男性の方はというと、人目を気にしてほとんど聞こえないくらいの低い声で応答していた。この男性が王さんである。前回、会ったときの物静かで腰の低い立ち振る舞いをふと思い出した。

初めて王さんに会ったのは、二〇〇一年の七月二四日の土曜日だった。なぜ曜日を記憶しているかというと、電話でアポイントをとったとき、「平日は時間がとれないのですが……」と言った私に対して、「では、土曜日にお会いしましょう」と言って、休みの日にわざわざ会社に出てきてくれたからだ。

社長室のある九階は、室内の明かりが落ちて静まり返っていた。社長室の中に執務机とクローゼット、客用のふかふかの黒色のソファと小さなテーブルがあった。社長席の横には、高さ八〇センチくらいの大きな黒色の金庫が置かれ、背後にはガラスの扉がある書棚があり、書棚の中には経営、IT関係の日本語の本が約五〇冊ばかり並べられていた。机の上はペーパー・レスで、NEC製の最新の薄型で大型画面のパソコンが備え付けてあるだけだった。

王さんは小柄で細身、銀ブチの眼鏡をかけ、紺色のスーツをきちんと着こなしていた。経営者というよりも、長年、理系畑を歩んできた研究者か大学教授を思わせた。「今日は総務部には誰もいないので」と言いながら、二人分の冷たいお茶を自ら運んできてくれた。そして、取材が終わると「社内を案内しましょう」と言って、一緒にエレベータに乗って六階で下りた。六階のオフィスの壁の掲示板には「中国語クラス」、「茶道会」など、同好会の案内が貼ってあり、社内で日中両国の文化交流が行われていることを示していた。王さんは、たまたまその場にいた日本社員を私に紹介すると、またエレベータで一階まで下り、出口のところまで見送ってくれた。

二度目に取材したのは月曜日だったので、社内の雰囲気はまったく違っていた。九階の受付前のカウンターの中では、総務部の女性社員が仕事をしており、隣りの社長室とのドアは開放されて、社員が社長室との間を頻繁に行き来している。

王さんは、前回よりも緊張した面持ちで執務机に座ったまま応対する。ときどき、マナーモードにセットしてある携帯電話が鳴り、そのたびに「ちょっと失礼」と言って中国語で応答している。取材が始まると急に立ち上がり、総務部との間のドアをバタンと閉めた。

ファミコン・ブームの到来

上海生まれの上海育ち。大学卒業後、エンジニアとして中国国有企業の「第三ラジオ工場」に就職する。専門は電子技術で、テレビ、ラジオ、ビデオなどの家電製品の開発が主な仕事だった。

初めて日本に来たのは一九八四年で、中国政府の国費研究者として、京都大学でデジタル通信、コンピュータの日中共同研究を行った。来日する一年前には大連に単身赴任して「大連日本語学校」で日本語の特訓を受けた。

「日本に来て、家電技術が非常に進んでいることが分かりショックを受けました。中国とは二〇年近い技術的な開きがある、ということが分かりましたからね」

そこで、後発の中国が世界市場を目指すには家電以外の分野で勝負するしかない、と真剣に考えるようになったということだ。

当時、王さんが注目していた日本の会社は、京都に本社をもつ任天堂だ。

「任天堂は日本で初めて家庭用ゲーム機のファミコン（ファミリー・コンピュータ）を発売して（一九八三年）ファミコンブームが始まりました。今ほど会社規模も大きくはなかったけれど、これから成長していく会社だと直感しましたね。私は、中国でゲームソフト開発の技術を応用して子ども用の新しい教材をつくり、これを中国市場で販売できないかと考えたのです。もともと、中国は子どもの教育には熱心な国ですが、一人っ子政策が実施されてからは親は子どもにかけるお金は惜しまなくなりました。技術者としても、家電以外の分野で中国の科学技術が生かせるのは家庭用ゲームの分野しかないと思ったのです」

任天堂は明治時代の初期に創業され、大統領印の花札からトランプの製造に踏み切る。その後、ご存じのようにゲーム業界に進出し、家庭用ゲーム機の製造とそれをセットするゲームソフトの開発で飛躍的に発展した。なかでも「スーパー・マリオ・シリーズ」がヒットし、「スーパー・マリオ・ブラザーズ3」はビデオゲーム史上最高の売り上げを記録し、アメリカにおいても四億四五〇〇万ドルの売り上げを記録した。

当時、エンターテインメントの業界でこれを上回るのは映画『E.T.』だけであった。また、ファミコンは日米両国の三分の一以上の家庭に導入され、任天堂はゲームソフトとともに莫大な利益を上げて、「世界でもっとも利益率の高い会社」となった。

王さんは日本滞在中に、任天堂の製品を中国で販売できないかどうかを打診するために、任天堂の系列会社の海外部門の担当責任者を訪ねたことがある。

「何日かたってから返事をもらいました。それによると、当面、販売先は日本国内とアメリカが主流で、アジアで販売を計画しているのは唯一ホンコンで、中国はまだ視野に入れていない、というものでした」

一九八〇年代の中国は改革・開放政策が始まったばかりで、任天堂は流通システムの異なる計画経済の市場に乗り入れるのはかなり難しいと判断したようだ。

「一九八〇年代の中国は、国有企業の社長は国家による任命制で選ばれ、商品を市場に送り出そうという積極的な対応をしていなかったので、中国市場に外国企業が参入するのはまだ難しかったのです。が、あちらさん（任天堂）も発展途上にありビジネスチャンスを狙っているだろうから、もしかしたら、と思ったのですが、打診するのがちょっと早過ぎたようでした」と、王さんは苦笑した。

突然の休暇命令

日本での研究期間を終えて中国に帰国した王さんは、研究成果をまとめた報告書づくりに精を出す。分厚いレポートを第三ラジオ工場の上司に提出して仕事の指示を待った。ところが、上司から返ってきたのは、思いもかけない「休暇命令」だった。

「上司に、なぜですか、と尋ねてみると、あなたは二年間海外で学んだのだからゆっくり休んで下さい、と言うのです。私は日本で見てきた先端の技術を一日でも早く伝えたいと思って帰ってきたので、この命令を受け取ったときはまさかと思いましたね」

「工場がなぜ私に仕事をさせないのか、理由は分かっていました。社長とその上の局長は、私の日本での研究成果を評価してくれて昇進する可能性が出てきたからなのです。しかし、これを快く思わない直属の上司たちが、『王さんは日本では立派な研究してきたかもしれないが、研究年数を積んだ人はほかにもいる』、と言って猛烈に反対したのです」

国有企業は国務院（日本の内閣に相当する）の傘下に置かれ、経営責任は工場長を兼務する社長にある。「第三ラジオ工場」は、社長のポストの下に四つのチーフ・エンジニアのポストがあり、それはエンジニアから選ばれることになっていた。王さんの来日前の肩書きは副課長のエンジニアだったが、もし昇進すれば、エンジニアの上のチーフ・エンジニアのポジションに就ける可能性があった。

「四つのチーフ・エンジニアのポストはすでにふさがっていましたので、私が昇進すれば、彼らのうち誰かは職を失わなければならなかったのです」と、国有企業の複雑な人事関係を説明する。

仕事がない日々が続き、王さんは悶々とした日々を過した。そして、ある日「転勤命令」が発令された。

役人の接待に明け暮れる毎日

新しい転勤先とその肩書きは、「上海税関事務所・技術副部長」であった。

「ちょうど、全国の税関事務所がコンピュータによるネットワークの構築が始まったときで、役職も一応、技術という名前がついていたので、技術者として仕事ができるかもしれないという期待をもって承諾したのです」

しかし、まもなくそれが間違っているということが判明した。仕事は、来る日も来る日も全国から訪問してくる税関事務所の幹部や職員への接待や応対だった。コンピュータ・プロジェクトは部下のエンジニアの仕事で、それは王さんのところには回ってこなかった。

「自分は技術者で、技術開発の仕事がしたいので転勤命令に応じたのです。接待の仕事なら私でなくてもできますよね。そして、たとえ自分が今辞めても誰も困らないし、むしろ部下たちは、ポジションが一つ空いたということで喜ぶのではないかと思ったのです」と、苦しかったころの心境を話す。

「このまま中国で、国家公務員で終わっては自分の存在感はない、そう考えて私は辞職することを決心したのです」

しかし、当時すでに、五〇歳に手が届く年齢になっていた。

「よく人から、『あなた、何でそんな年になって将来が安定している国家公務員の仕事を辞めたんですか？』と聞かれることがあるのですが、先ほども言いましたように、私はもともと技術者ですからやはり技術開発の仕事がしたかったんです」と、王さんはきっぱりした口調で話した。

損して得取る

「ニューコン」という社名は、英語の「NewConcept＝新しい発想」からつけたもので、既成概念にとらわれず、常に柔軟な姿勢で前進していきたいという願いが込められている。その社名からは、任天堂の山内溥《ひろし》前社長がファミコンやゲームソフトを開発するときに技術系の社員に言っていたという「新しい考えを生み出すためには古い考えを捨てなくてはだめだ」という言葉を彷彿させるものがある。

国有企業を辞めた王さんが再来日したのは一九九一年で、その年の一二月にニューコンを設立した。設立を助けてくれたのは、大連日本語学校のクラスメートでもあった友人で、一足先に来日して熊本県で「有限会社ＳＫＹ」という会社を経営していた一人の中国人である。彼の好意で「ＳＫＹ東京支店長」という肩書きを使わせてもらい、ソフト開発の仕事を始めた。

最初に仕事を発注してくれたのは、通信、医療ソフト開発を営む「橘電気」で、仕事は臨床検査システムのソフト開発だった。

「橘電気を紹介してくれたのは中国人の友人でした。小林社長は、私の話を聞いてくれた後、まず二ヶ月分の仕事をくれ、それが上手くいったら今度はさらに六ヶ月分の仕事を発注すると言ってくれました」

ニューコンを会社組織にしたのは、創業二年目の一九九三年の一二月のことだ。設立の前に、上海税関事務所時代の部下や第一回目に来日したときに京都大学で知り合った元中国人留学生たち、同じく横浜国立大学院を卒業したばかりの元留学生などを呼び寄せて、中国人ばかりの五人でスタートした。創業時の資本金は一六〇〇万円だった。その後、仕事の受注が順調になると、清華大学（北京市）や復旦大学（上海市）など中国の一流大学を卒業した技術者を採用して社員を増やした。

事業を拡大したのは、皮肉にも最初の顧客である橘電気が倒産したことが契機となった。

「ニューコンも約二〇〇〇万円の負債を抱えることになったのですが、創業時の恩義があるので負債の返済を求めず、逆に橘電気のソフト著作権を買い取り、さらに営業技術部の六人をニューコンの正社員として受け入れました。この方たちに気持ちよく仕事をしていただくために、社内に新たにもう一つ別のフロアーを借りて『医療ソフト情報開発部』を新設しました。元橘電気の幹部の一人に部長になってもらい、中国人技術者一〇人ほどを配置し、仕事のできる環境を整えました」

結局、このときの王さんの決断がニューコンを発展させることになった。橘電気が五〇年にわたって培ってきた顧客や医療ソフト開発のノウハウを継承できたからだ。

「ニューコンの売り上げは伸び、元社員を受け入れるために使った就職準備金を入れても負債は相殺されました」と、王さんは満足そうに話した。

目標はＪＡＳＤＡＱ上場

わずか五人で創業したニューコンは、現在（二〇〇二年五月）、資本金を三四〇〇万円増資して五〇〇〇万円に、また年間売り上げは創業時の一七倍にも達する六億五〇〇〇万円になり、黒字経営を続けている。創業してから現在までのソフト開発実績を拾い上げてみると、まず医療関係では、病院内のイントラネットの構築、検査、検診システム、ドクター支援、電子カルテの開発、企業の営業・業務支援では、流通のＰＯＳシステム、製造の営業、販売、生産管理システムおよび衛星通信、移動体通信システム、銀行の保険精算システム、原価計算システムなどがある。もちろん、これ以外に中国では貿易業の独資会社（一〇〇パーセント外資出資会社）「紐康商事有限公司」（上海）を設立しているほか、中国大手でＩＣカード、電子部品を製造している「飛楽音響」と合弁で「上海飛楽紐康信息系統有限公司」を設立してソフト開発を行っている。

王さんは、「こうしておけば、日本と中国のどちらかが景気がよければ会社はやっていけますよね」と話し、日本と中国の両方に拠点を置き、両国の経済の変化を比較しながら経営を進めていきたいと考えている。

「今後は、医療システムの開発に力を入れていきたい。ビジネスの拠点はこれまで通りに日本と

中国の会社との業務提携に調印

中国の二ヶ所において、日本では受注開発、パッケージ開発や医療情報システムの設計や構築などを、中国では引き続き、合弁会社でオフショア開発（海外のソフト会社に委託して安価にソフトを開発すること）を行います。中国マーケット向きの開発も考えていく計画で、五年後以降に、日本の店頭市場（ＪＡＳＤＡＱ）に上場することを目指しています」

日本社会や日本企業との関係を大切にしながら、同時に中国系団体のコネクションを活用しながら経営を続けている。ニューコンの顧問には元日本政府の高い地位にあった人の夫人で、日本とイギリス間などにおいて国際文化交流に貢献している五十嵐氏と三洋電機の元専務に就任してもらい、中国系団体との関わりは、「日本中華総商会」の理事と在日中国人の科学者で組織する「在日中国科技工作者聯盟」の役員を務めている。

勤務評価の三つのキーワード

一方、ニューコンの社員数は八〇人になり、技術部には中国人社員を、総務、営業部には日本人社員を配置している。国籍、適正の違う社員をうまく管理し、能力を引き出していくには気苦労も多い。そこで決めたのが社員評価の三つのキーワードだ。社長席の背後の壁には「努力、信用、創造」と毛筆で書かれた色紙が額に入れられている。

「『努力』はどれだけ会社に対して苦労してきたか、『信用』は会社の規則や上司の指示を守り仕事ができるかどうか、そして『創造』は、創造的な仕事で会社のために貢献しているか、ということです。これらの社訓は、経営者として社員に対する期待の言葉でもあるのです」

これは、社員にボーナスを支給するときの評価基準にもなっている。

「日本人社員はとても真面目で、与えられた仕事はテキパキとこなしてくれる。総務部には、中国に留学経験のある人を採用しており、少ない人数ながら効率よく業務をこなしてくれているので助かっています。それに比べると、世話が焼けるのは中国人社員です。というのは、中国人はもともと独立志向が強いので、自分の会社を起こすチャンスをいつもうかがっているし、今よりもよい条件で働ける会社が見つかれば簡単に転職してしまうからです」

「鶏口牛後」（大きな組織にぶら下がるよりも小さな会社でも長である方がよい、という意）は、中国人の性格を物語る諺だ。

「中国人の中には、昼間は仕事上のアドバイスを求めてくるし、終業後にはプライベートな相談をしに来る人がいます。自分の会社をもちたいとか、生活上の悩み事だとか、中国から両親が訪ねて来たから会って話を聞いて欲しいだとか。いったん退社し、独立したものの事業がうまくいかなくなってまた戻りたいと言ってくる人もいます。そのような人たちの話も一応は聞きます。中国人はいつも大きな夢を抱いているので、理想と現実とのギャップに悩んで心が不安定です。だからこそ、相談に乗ってやらなければならないのです」と、彼らの心情を代弁する。幸い、ニューコンの社員の流動率は一〇パーセント以下で、ほかの在日中国系企業に比べると定着率はかなりよい。

このように、部下の面倒見のよい鷹揚な王さんだが、「この一〇年間で、会社側から社員を解雇にしたことは一度もありませんが、成績の悪い社員に関しては昇給ストップ、ボーナスをゼロにするなどの処遇を行っています」と、経営者としての厳しい面も覗かせる。社内の日本人と中国人の交流のために年一回の社員旅行と花見会、そのほかにもいろいろなスポーツ大会を主催している。

「最近の日本の会社はビジネス一辺倒で、社長が直接社員の悩みの相談に乗ることは少ないようですね。中国人の私たちから見るとちょっと冷たい感じがしますね」と、残念そうに話した。

アイデアは風通しのよい社内環境から

所帯が大きくなると、王さん自身にとっても不都合なことが出てくる。

「一番困るのは、役員会を日本語でやらなければならなくなったことです。創業時は社員全員が上海出身者だったので何も問題なかったのですが、北京出身者の社員が加わるようになってからは北京語で行うようになりました。私は、普段の会話は上海語ですが、北京語もできるのでまあそんなに問題ではなかったのです。ところが今では、日本語で会議を進行しなければならなくなってしまいました。以前は会議の前に準備をする必要はなかったのですが、今では日本語で進行するために言葉の準備の時間が必要になりました」

中国には北京語、福建語、広東語、潮州語、台湾語など、その地方ごとの言葉がある。同じ地方の出身者にしか通じない方言なので、中国政府は北京地方で使用されている言葉を「普通語」

として学校教育の中で教えている。そのような環境で育った王さんが日本語を勉強し始めたのは四〇歳に近いときで、理系出身者によく見られるように外国語が苦手だ。今でも、銀行員などとの大切な商談のときには日本人社員の助けを借りなければならない。「困った、困った」と言う王さんだが、どうも内心はそうでないようにも見受けられる。

「会社はいろいろな考えをもった人が集まる方が風通しがよくなり、仕事の上でもよいアイデアが生まれてくると思うのです。同一の言語、単一民族だけで仕事をしていると、摩擦は少ないけれどアイデアが固定しがちでオリジナリティのある仕事ができません」

ニューコンのコンセプトに通じるところでもある。

一般入試で早稲田大学に合格

住まいは東京都の東部、東京湾に面した国際展示場の「東京ビッグサイト」に近い江東区で、夫人と娘さんの三人暮らし。王さんも人の親で、夫人のことは話したがらないのに娘さんのことに話題を向けると、途端に顔の表情が緩んで紅潮する。

「娘は、日本に来たときは中国の中学校を卒業したばかりだったのです。中国の学校の卒業式は

園田天光光氏と談笑する愛娘（左）

日本より半年早いので、日本の中学に編入して半年間だけ通いました。そして、語学のハンディがあったにもかかわらず都立高校に合格したのです」

その後、進学した大学は早稲田大学で、父親と同じ分野の「理工学部情報学科」を専攻した。「親として嬉しいのは、日本人でも難関の大学に入ったということよりも、外国人コースで受験したのではなく、一般入試で受験して、日本人と同じ条件で大学に合格できたということです」と、王さんは誇らしげに話す。

娘さんは、現在、ニューヨークに本拠を置く老舗の投資銀行「ゴールドマン・サックス」の東京駐在事務所に勤務しており、日本の顧客、とくに上場会社の金融ニーズに対応した仕事に携わっている。

存在感のある日々

日本に来てからの一一年間の日々を振り返って王さんは、「中国にいたときは、いつも自分のポストは自分でなくてもやれるという思いがありましたが、今では自分がいなくてはみんなが困る、自分でないとできない仕事がある、という存在感を感じられるようになりました。日本に来て、本当によかったと思います」と、充実した日々を送っていることを匂わす。

二〇〇三年三月に還暦を迎えるが、「中国に親戚も多くはいないし、今さら帰ったところで仕事もない。もし、国有企業にあのまま我慢して勤めていてもせいぜい定年までの仕事でしたが、今は自分の会社をもっていますから、少なくともあと一〇年くらいは働き続けられます。将来の生活の基盤は日本に置きたい」と言い、日本での永住権もすでに取得したと話してくれた。

気になる会社の後継者については、「娘は、経営者としては向いていないようです。株主総会で決めてもらった、有能で信用のできる人に任せたい」と言うが、ゼロから出発してここまで大きくしてきた苦労と時間を考えると、血縁関係のある人に二代目を継いでもらいたいというのが本音ではないだろうか。

趣味はドライブと読書で、「休みの日に、家族を乗せて東京近郊に出掛けるのが心休まるひととき」と話す王さんだが、どうやら、今のところはのんびりと趣味に費やす時間はなさそうだ。

最後に、娘さんに対する望みなどを聞いてみた。

「親としての願いは、娘に日本人と結婚してもらって末永く日本で暮らせることができればと思います」

ちょっぴり照れくさそうに話す王さんの顔、しばらくは忘れられないようだ。

（取材：二〇〇二年三月、同年一一月に加筆修正）

2 共存・共栄

潘《はん》　若《じゃく》衛《えい》

社会学の研究者から企業家へ転身した潘若衛さん

「報酬は一流企業以上」

営団地下鉄日比谷線茅場町駅からほど近い所に立つ七階建てのレンガ色のビルの前を通りかかったとき、入り口に貼られていた一枚の求人広告が目に留まった。Ｂ５版サイズのコピー用紙に、「コンピューター・ソフト開発社員募集」と大きな字で印字されていた。そして驚いたのは、その次に書かれてあった社員の待遇である。

「報酬は能力、経験に応じるが、日本の一流企業以上」

不況でリストラに踏み切る会社が多い中で、そんな高給を保証するのはどんな会社なのだろう。どのような事業を展開しているのだろうか。経営者はどんな人だろう。次々に疑問が沸き起こってきて、ついにその会社を訪ねてみることにした。

張り紙の広告主は、そのビルの六階に本社を置く「株式会社ビッグハンズ」。経営するのは四三歳の中国人、潘若衛《はんじゃくえい》さんだった。アポイントを取ってその会社を訪問したとき、ドアをノックしようとしたらいち早く内側からドアが開いて、中背のスリムな男性が顔をのぞかせた。その人こそ潘さんだった。広告から想像されるような精力的で辣腕な営業マンのタイプの社長ではなく、また欧米の大学院でＭＢＡ（経営学修士）を取得して見るからに切れ者というエリートビジネスマンのタイプでもなかった。むしろ物腰が柔らかく、穏和な感じのする人物であった。その潘さんが、笑顔で筆者を中に招き入れてくれた。

実は、訪問までの間、取材の準備のために何度か潘さんとの間でやり取りがあったが、電話の向こうから聞こえてくる言葉遣いはいつも丁重だった。会社の資料を請求したときなど、三〇分後に潘さん自身の名前でファックスが送られてきて、その誠実さにも感動した。迅速な対応と礼儀正しい接客態度、これがグローバル時代の華僑経営者の実像なのかなとも思った。

社内は、入り口に近いところに簡易事務机と椅子が、窓際に応接セットが備え付けられている。事務机の背後には背の高いパーテーションが立て掛けられていて、パーテーションの向こう側はオフィスになっているらしく、インタビューの途中、ときおり、日本語と中国語の会話が聞こえてきた。

科学技術の背景にあるもの

ビッグハンズの創業は一九九八年で、コンピュータ・ソフト開発と貿易業を二大柱としている。潘さんは文系の大学を卒業し、起業する前は社会学の研究者だった。ＩＴの会社を営む華僑経営者は理系出身者が多い中で、潘さんは珍しいケースということになる。その素顔に迫ってみよう。

一九五九年に北京市に生まれ、大学卒業後に中国軍が統括する大学に就職し、在職中、勤務先から派遣されて北京外国語大学大学院修士課程で比較文化論の研究をした。一九八〇年代の中国では、欧米や日本など科学技術の先進国に追いつかんとするために大学や研究所の職員を国内や海外の大学に派遣して、さまざまな分野からのアプローチを試みていた。科学技術そのものの研究はむろんのこと、人文科学、社会科学分野などの研究も盛んであった。潘さんが担当した分野は、日中両国の都市社会の研究で、北京外国語大学大学院で修士号を取得した後は、一九八五年に日本の外務省国際交流基金の研究生として招聘され、早稲田大学社会科学研究所で学んだ。

「日本が科学技術の進歩を遂げた背景には、社会、文化面などが深く関係していると考えられ、日中の比較研究をすることが私の課題だったのです。ともに儒教圏で、共通した文化的土壌の上に成り立っているだけに両国の違いが明確に浮かび上がったり、その中から学ぶことが多いと考えました」と、潘さんは来日の目的を説明した。

早稲田大学で一年間の研修期間を終えた後にいったんは中国に帰るが、その後、私費留学生として再来日した。今度は心理学の研究で、前回と同じく早稲田大学で学んだ。

「都市部で起こった災害時の、人の行動や心理の日中比較が研究テーマでした。中国も過去に大地震に見舞われたときには大きな人的被害を出していますので、日本の進んだ防災対策を参考にして、今後、天災が起こるようなことがあった場合でも被害をできるだけ少なくするにはどうすればいいのか、というテーマで取り組んだのです」

研究が終わった後も日本に留まり、災害時の心理を研究する専門の研究機関に一年間勤務した。現場において日本の最先端の技術に触れることができたとともに、潘さんの人生を変えることとなったコンピュータとの出会いがあった。

「研究所では災害時のデータ分析を行うときにコンピュータを使用するのですが、そんな中で自然にコンピュータの機能や操作を覚えてしまいました」

一九九〇年代初めは、日本の企業や一般社会にもまだそれほどコンピュータが普及していなかった時代で、潘さんが仕事を通じてコンピュータの知識と技能に習熟できたのは幸運だった。のちにＩＴ関連の会社を起こしたとき、この経験が役立ったことはいうまでもない。

内蒙古で日本向けの委託生産

「最初から企業家になりたいと思っていたわけではないのです。私は社会学の研究者ですので、研究で身を立てたいと思っていました。それで、事業の話が持ち込まれたときは、せいぜい二年くらいで身を引こうと思っていたのです」

学究肌の潘さんをビジネスの世界に引き込んだのは、一九九三年、友人の紹介で四国にある繊維メーカーから中国での委託生産について相談を受けたことがきっかけであった。

メーカーは、高級衣料品のカシミヤ製品を中国で委託生産していたが、そのネックとなっていたのが複雑な流通システムで、中国の工場で製造された商品は、中国側と日本側それぞれの商社を経て日本に納品され、各商社に三割ずつのマージンを支払わなければならなかった。その話を聞いた潘さんは、北京に商社を設立して、そこから直接工場に依頼し、でき上がった製品もその会社を通じて日本に輸出するというルートを提案し、委託生産を引き受けることにした。カシミヤ製品を製造するのは、モンゴル共和国に国境を接する内蒙古自治区にある紡績工場。内蒙古自治区は、全面積の七〇パーセントが草原地帯で牧畜業を主要産業としている内陸部の地域で、ここを生産拠点として選んだ理由として潘さんは次のように言う。

「中国沿岸部に比べて人件費が安く、当時のワーカーの一ヶ月の給料が一〇〇〇円であったことと、カシミヤ製品の原材料になるカシミヤ山羊の生息地に近く、現地で原毛の買い付けが容易にできるからです」

カシミヤ山羊はインドのカシミール地方が原産地で、現在はチベット、ロシア、内蒙古などの寒冷地に生息している。各産地の原毛の質は微妙に異なり、中でも中国産のカシミヤ山羊の原毛はもっともきめ細かく、それらからつくられる製品は肌触りがよいと専門家の間でも評判が高い。潘さんは、この地の工場に原料の買い付けから原毛の染め、そして紡績までの一貫した工程を依頼した。もちろん、コストダウンを考えてのことだ。

「原毛は嵩張るので、こちらから輸送すると一時保管するための倉庫代が高くつくのですが、工場に買い付けを頼むことで倉庫代を払わなくてもすむでしょう」

内蒙古の工場で製造したのは日本マーケット向けのセーター、コート、ショールなどで、製品は四国の繊維メーカーや大手スーパーのダイエーに納品し、そこから取引先のデパートやほかの大手スーパーで販売された。

「三越やダイエーのオリジナル・ブランドの製品を生産したこともありましたね」と、潘さんは誇らしそうに話した。

リスクの分散

商社に払う中間マージンをカットし、現地の工場に原材料の買い付けを委託する、しかもワーカーの工賃が安い。前述したように、このような委託生産のメリットを生かして潘さんが手掛けた初めての商売は軌道に乗って、予想以上の売り上げにつながり、ピーク時には年商二〇億円に達した。しかし、いつも順風満帆であったわけではなく、苦い経験が二回ほどある。一回目は、納品先から商品にクレームがついて取り扱いを拒否されたときだ。

「カシミヤの原毛の含有量が日本の基準に達していないから市場に出せない、と言われたのです」

日本ではカシミヤ製品と表示できるのは原毛が九五パーセント以上の製品で、それ以下のものはカシミヤとウールの混紡品ということになる。ところが、中国ではその基準があいまいで、カシミヤが九五パーセント以下のものでもカシミア製品として立派に市場で通用している。日本の商品規格に対する厳しさをこのとき初めて体感し、中国との認識の違いを実感した。

「工場側は、コストを安く上げるためにカシミヤ原毛の含有量を減らしたのです。カシミヤ一グラム当たりの買い付け価格は一〇セントで、ウールはこれより一〇パーセントほど安いのです。結局、日本のメーカーが取り扱ってくれなかったので、値段を下げて別の会社に納品しましたが、探すのに一年くらいかかりましたね」と、急に表情が険しくなる。

二回目は、発注後に中国側が「その値段では製造を引き受けることができない」と言ってきたことだ。理由は、カシミヤ山羊の原毛の国際相場が急騰したからだった。原毛の伸び具合は気温によって左右され、寒いときは順調に成長するが暖かくなると生えなくなかからだ。

「相場は、発注ギリギリになって急に変動することがよくあるのです。いずれ下がるだろうと予想して工場と契約を交わしたのですが、その後、急に暖かくなったので急騰したのです」と、相場ビジネスの難しさを話す。

こうした経験から講じた対策は「リスクの分散」だった。

「委託する工場を五〇軒以上に増やして、商品ごとに工場を決めました。一つの商品が規格に合わないからと返品されたり、納期に遅れても別の商品を出荷することで当面は対応することができる。工場の数を増やせば、ある工場がその値段で引き受けられないと言ってきても、すぐにほかの工場に依頼することができますからね」

その一方で、日本のメーカーに対しては、「売れ残りを防ぎ、消費者に選択する幅をもたせる」ために同じ規格の商品を大量に発注するのではなく、違った色やサイズ、デザインのものを少量ずつ同時に発注するなど「少量多品種」主義を提案した。

しかし、このような努力をしたにもかかわらず、日本経済のデフレ不況の影響でメーカーや大手スーパーからの注文も徐々に減っていき、委託生産で設けた資金を元手にして、新たにコンピュータ・ソフト開発と貿易を二本柱とする「ビッグハンズ」を設立することにした。中国から繊維製品を輸入するビジネスは、ビッグハンズの貿易部門が引き継ぎ、高島屋商事、帝人商事などの大手商社を新しい取引先にして営業を続けている。

会社は組織づくりから

ビッグハンズのコンピュータ・ソフト開発部門では、日本の情報通信の会社から受注して業務用のソフト開発を行っている。紡績の委託生産から時代を波乗りするＩＴへのビジネス展開について、いったいどのような経緯があったのだろうか。

「カシミヤ製品の委託生産もソフト受注開発も、日本企業から注文を受けて製造するというアウトソーシングでは共通しています。委託生産の経験にヒントを得て、日本と中国の経済格差を活用してビジネスを展開していこうと考えたのです」

ビッグハンズの過去三年間の売り上げを見ると、二〇〇〇年三月期が、ソフト開発部門六九四五万一〇〇〇円、貿易部門一八五七万六〇〇〇円、二〇〇一年三月期は、ソフト開発部門一億四八七六万四〇〇〇円、貿易部門二四六一万二〇〇〇円、二〇〇二年三月期は、ソフト開発部門が二億七〇七五万八〇〇〇円で、貿易部門はゼロとなっている。ソフト開発部門の売り上げが、三年間で三倍以上に増加していることが分かる。ビッグハンズの主な取引先は、住商情報システム、日本システムウェア、NECソフト、日本コムシス、西部電気工業、NECシステム建設、アイエックスナレッジ、横河ディジタルコンピュータなど東証一部や大証一部に上場している情報通信分野の大手だ。いったい、どのようにしてわたりをつけたのだろうか。

「日本を拠点にして事業を始めるには、まずは有力な取引先だと考えて、元大手企業の役員や上場会社にコネクションをもつ営業マンを経営陣や管理職にヘッドハンティングして取引先を開拓したのです。私自身も、財界人が集まるパーティに積極的に顔を出して参加者と交流を深めたのです」

このほか、潘さんのファミリーの力も大きい。山東省に本家を置く名門一族の出身者で、一族からは政治家や文化人を多数輩出している。祖父は戦前、張作霖《ちょうさくりん》（一八七三～一九二八）が支配する北京政府の閣僚で、日本の軍人で政治家の田中義一首相（一八六四～一九二九）とも親しかったという。

それと平行して、優秀な技術系社員を募集して組織固めを行った。現在の社員数は、日本人二〇人、中国人四〇人で、「中国人社員の採用は口こみや人の紹介で、留学の目的で日本に来て、卒業後、在留している人たちの中から集めました。みな、日本の大学院を卒業し、日本語が堪能な逸材揃いです」。

徹底した能力主義

日常の日本語の会話には不自由しない中国人社員でも、日本語の「あ・うん」のような呼吸を理解するのはなかなか難しい。仕事上の一番のネックとなるのは、「ソフト開発を受注するときの設計図に相当する仕様書の解釈だ」と潘さんは言う。

「日本企業から出される仕様書は、各企業が独自のフォームを使って作成されたもので形式がほとんど統一されていません。日本語独特の言い回しもあり、日本のビジネス慣習、文化面に通じていないと理解できない面があります。しかも、ソフト開発はでき上がりが発注者側にも予想されないことが多いので、わざとあいまい

経済人とも積極的に交流。ソニーの出井伸之代表取締役会長兼 CEO と

な表現方法が使われていることもあります。取引先から仕様書の変更を言ってくることも往々にしてありますので、それに対応できる応用力も求められていますね」

しかも日常業務をそつなくこなすだけでは不十分で、刻々と変化する時代に対応して常に新しいものに挑戦していくように、というのが社訓になっている。

「従来のものを無難にこなすのではなく、海外からよいものを取り入れて、日本人のリーダーシップのもとに、序々に日本風にアレンジしていくことが必要だと考えています。単にソフト開発のルールを覚えさえすればいいという受身の姿勢で仕事をするのではなく、仕事を通じて自分なりの発想や考え方を育てていかなければならない、と口を酸っぱくして言っているのです」

冒頭の求人広告からも分かるように、潘さんは組織力を高めることに注力を傾けている。社員の報酬は、確かに日本の一般的な企業よりもかなり高い。とくに、業務内容に関する幅広い知識をもちプロジェクト管理の経験をもつSE（システム・エンジニア）には高給を払っている。その額は、同年代の事務系社員の二倍以上の額だ。とはいえ、社員のパフォーマンスの評価は厳しく、徹底した能力主義を採用している。

「私は社員評価システムとして、三大重要項目と、それに関連する四〇項目をつくっています。仕事は取引先の会社で開発することが多いのですが、三大重要項目の一つ目は勤務態度、他人との協調性含めて取引先からクレームがつかないこと。二つ目として、仕事を通じて仕事のパイが拡大され、企業と会社とのパイプが太くなること。三つ目は、技術的に会社に貢献することで、つまり新しい商品開発ができたかということです。この中でもっとも重要視しているのは、一番目の取引先からクレームがこないことです。最後まで仕事を完成させなかったり、遅刻が多かったりして会社の評判を落とす人には罰金を課することも考えています」

柔和な物腰の潘さんが、経営者としてのもう一つの顔をのぞかせた。

中国と日本の橋渡し役に

日本のIT市場は一〇兆円(二〇〇〇年度)、そのうち二兆六〇〇〇億円が外注に依存している。その中で、海外で開発できるものは一兆円とされるが、実際のところ、中国とインドを合わせても三〇〇億円から四〇〇億円にしか達しておらず、まだまだ参入できる余地はある、と潘さんは見ている。

「オフショア開発のうち、残りの九七〇〇億円が別の国で開発されているということになりますよね。日本のソフト市場は中国にとって巨大な市場ですから、中国の会社はこの市場で力をつけて飛躍する基礎としたいと考えているのです」と、将来の構想に触れた。

潘さんは今後、オフショア開発のシェアはさらに高まっていくだろうと予測しているが、その根拠となるのが「パッケージソフト」開発が増加していることだ。ソフト開発には、汎用性があるパッケージソフト開発と手づくりの開発といわれるオリジナル開発の二種類があり、日本はオリジナル開発のシェアが高い。これは伝統的にものづくりが得意だという日本市場特有の現象で、アメリカをはじめほかの多くの国々はパッケージソフトのシェアが圧倒的に高い。

「パッケージソフトの方が技術的にも開発しやすいので、今後は、コストの安い海外への発注が増えていくだろうと睨んでいます」

そこで、潘さんが考えたのが「中国開発センター」の設立である。これは、中国企業と日本企業の間に立って、アナログ面を含めて両国の事業の橋渡しをするというもので、サービスの内容は両マーケットを睨みながら暫定的に展開する方針となっている。当初は、中国ソフト開発企業のために日本企業からの受注をサポートする。

「日本が発注を考えるときにもっとも大きな障害となるのがコミュニケーション・ギャップです。中国側も日本の文化との差異を埋めるために莫大な時間やコストを費やしていますので、それらを軽減したいと考えたのです」

具体的には、仕様書や設計書、開発書の標準化と開発方法のマニュアル化で、ビッグハンズの業務の中からヒントを得た。仕様書を標準化するためには「Rational Unified Process」というプログラムを導入し、開発手法のマニュアル化によって、習得するのに一年以上はかかるといわれる言語プログラムの開発期間を大幅に短縮している。

ビジネスはともにWIN、WIN

現在までに中国開発センターに登録している中国の企業は五社で、すべてベンチャー企業である。企業規模は社員数三〇〇人から八〇〇人で、この中には、中国のインターネット・プロバイダー大手でナスダックで公開された「SOHU（ソーフー）」も含まれている。SOHUは、すでに中国に三〇〇〇万人のインターネット加入者をもち、近く日本市場に参入するとされる。一方、中国の技術者の賃金が上昇し開発コストが高くなっているため、日本からの注文は序々に減少の一途をたどっていくだろうとも潘さんは予想している。

「中国の技術者の賃金は、年八パーセント近く上昇しているのです。このままでいくと、五年後には日本と中国の開発コストの差はなくなるだろうと見ているのです」

そんな状況に備えて潘さんは、すでに日本と中国市場向きのサービスを考えている。日本に対しては、中国に代わる新しいオフショア先としてスリランカやベトナムなどのソフト開発の会社を紹介すること。中国向けには、自らソフト市場に参入して中国市場向けのソフト開発をする。「日本企業から受注する仕事ばかりではシステムの提案ができないのでいつまでたっても上流にはなれないのですが、中国マーケット向けであれば上流に立てます」と、受注開発の限界性を訴える。

また、日本の大手企業の中にも中国の豊かな資源、労働力、巨大なマーケットに着目して、北京オリンピックの開催（二〇〇八年）をめどに本拠を日本から中国に移管することを検討している会社があるという。

「日本企業が価格競争で勝つためには、中国に生産拠点をもっているかどうかにかかっているとよくいわれますが、それは中国が、原材料、製造拠点、販売市場に至るまで揃っている国だからです。私は、中国を『世界の工場』から『世界のマーケット』へとつなげていきたいのです」

五年先、一〇年先の日本と中国の市場を睨んで緻密な戦略を立てる。その背景にあるのは、日中の比較研究を基礎とし、二つの文化の狭間でビジネスを続けてきたという体験から生まれてきたものである。両国の差異を認識した上で、中国人の強みを生かしたビジネス展開は潘さんならではの独特な経営スタイルを確立させた。

「会社経営を進めていくには、組織を一つの生き物ととらえて研究、分析し、組織力を高めていかなければならないと考えます。日本と中国はビジネスに対する考え方が違いますが、最終的には、会社対顧客、会社対社員ともに『WIN、WIN』(ともに勝利者になる)の関係にならないといけないと思うのです」

「勝ち組み」、「負け組み」のどちらかに分かれるのではなくて、潘さんがいう共生、共存、共栄のビジネス哲学は、グローバル化時代にふさわしいと思った。

(取材:二〇〇二年一二月)

3 行動力

蘭《らん》　静秀《せいしゅう》

中小企業の手助けをしたいという蘭静秀さん

体臭を感じさせる町・浅草

東京の地下鉄銀座線・田原町駅を降りると、そこは国際通りと浅草通りが交差する四辻で、上野と並ぶ東京二大下町の一つ、浅草への出発点だ。浅草通りは通称「仏壇通り」と呼ばれる神仏具卸売問屋街で、各店ともビルの屋上や店の前に大きな看板を掲げている。

雷門に釣り下がる大提灯で有名な浅草寺の近くを歩いていたとき、とある食器店の店先に懐かしい手づくりの切子硝子《キリコガラス》（カットグラス）が並べられているのに気がついた。青色やワイン色のタンブラーやワイングラスが、ワゴンいっぱいに並べられている。幼いとき、同居していた祖母が切子硝子の愛好家で、孫たちに使わせるときには決まって「これは高くて珍しいものだから、落としたらだめよ」と言い聞かせていたことを思い出す。

男性の店員が寄ってきて、「タンブラーを買ってくれたら、内緒でポートワイングラス（ワイングラスより小さい）をおまけにつけますよ」と言う。残念ながら値段の交渉がまとまらず、タンブラーより安い一個八〇〇円のワイングラスを値札通りで二個買うことにしたが、店員はグラスを布で一個ずつ時間をたっぷりかけて磨いた後、こちらの注文通り別々に包装してくれた。

浅草に来るたびに思うのは、人間が主体的になって活動し、体臭を感じさせる町であるということだ。それは、タイやマレーシアなど東南アジアの国々を旅行したときに路地裏で感じる庶民エネルギーに通じるものがある。

さて、浅草通りに並行に通る雷門通りに沿って五分ばかり歩くと、パステルカラーの瀟洒な三階建ての建物が見えてきた。二階からは、白地に紫色で「蘭華貿易」と書かれた看板が下がっている。この社名は、経営者の蘭静秀さんの苗字からとってつけられたものだ。

新体操の選手を夢見て

蘭華貿易の社内に足を踏み入れたとき、大きな窓から入る太陽の光が白壁に反射して明るい感じがしたが、まもなく、会社の雰囲気を華やかにしている別の理由は女性社員が多いからだということに気がついた。八人の社員のうち女性は五人で、年齢は二〇代から三〇代が中心だ。ピンクや黄色の艶やかな色の服装で、楽しそうに働いている。

蘭さんが勤務する社長室はその奥にあり、室内は大きな執務机のほか、窓際に小さなテーブルと二つのソファがある応接セットが用意されていた。蘭さんはエンジ色のタイトなパンタロンに、白色の開襟シャツという服装で現れた。身長一六五センチくらいで中肉。色白で丸顔の顔に、へアダイしたショートカットの髪がかかる。訪問する前に電話で話をしたときは男まさりのキャリアウーマンといった印象を受けたが、実際に会ってみると、電話よりも若く躍動感に溢れているように感じられた。

一九六三年生まれの三九歳。吉林省の長春市に生まれるが、まもなく父親の仕事の関係で北京に移り、一九八三年、中国全土から選ばれて、プロのスポーツ選手や体育教師を養成する「北京体育大学」（現・中国体育大学）に入学した。

「小さいときから人一倍体が柔軟でした。走ることも速くて、スポーツは万能でした」

運動学部と体育学部の二つの学部があり、運動学部はプロの選手や監督を育成するコース、そして、体育学部は教員養成コースで、蘭さんは運動学部の新体操専攻に在籍していた。一学年の学生数は八〇人で、新体操のほかバレーボール、水泳などの専攻があったという。

入学当時はプロの選手を目指していたが、途中で体育教師に目的を変更し、卒業後は北京市内の経営専門の大学「中国対外貿易大学」で新体操を教えることになった。中国対外貿易大学は、「中国のハーバード」と称される経営の専門校だ。

「授業のスケジュールはそんなに過密ではなかったので、クラスがないときには聴講生として経営学の授業に出席して勉強していました。また、北京市には親戚が経営する外資系の会社があるので、実務の習得のために手伝いに行ったこともあります。日本に来ることになったのは、勤務先の大学にたまたま日本に留学したことがある先輩がいて、日本の諸事情について聞かされているうちにいつしか自分も日本に行ってみたいと思うようになったのです」

父が手渡した帰りの航空券

初来日は一九八八年のことだ。

「日本語学校に払う入学金、授業料などを工面するために、それまで買い貯めてきた電化製品や家財道具を売るなどして、とりあえず四〇万円をつくりました」

中国を発つ日に父親は蘭さんに言った。

「もし、どうしても辛くなったらこれで帰って来なさい」

父親が手渡したのは日本・中国間の片道航空券で、航空券の運賃は当時六〇〇〇元で、中国では二年分の生活費に相当する大金であった。

日本での生活は、東京・池袋にある家賃三万五〇〇〇円の四畳半のアパートから始まった。中国から持参してきた生活費は三ヶ月でなくなってしまい、クリーニング店でアイロンがけのアルバイトをして生活費を稼ぐことにした。

「夏の暑い日、五〇度くらいの部屋でのアイロンがけはさすがにこたえました。下宿先に戻る路上で貧血を起こしかけたこともあります。別の日には、下宿へ戻る道順が分からなくなってしまい派出所に駆け込みました。道に迷った理由は、目印にしていたのが選挙ポスターの候補者の顔だったのですが、帰りは別の候補者のポスターに貼り替えられていたからです。でも、当時は今ほど外国人の数が多くなかったので、警察官も親切に教えてくれました」

辛かったのは、下宿の大家さんがくれた自転車で走っているときに、その自転車が盗難車かと疑われて路上で警察官に呼び止められて尋問されたときだ。

「外国人登録書の提示を求められた上、事情を聞かれました。あとで、大家さんが自転車の登録をしていなかったために間違えられたと分かりましたが、そのときは日本語もあまり上手に喋れなかったので長く引き止められました。最後には埒《らち》があかないと思ったのか、大家さんの家に電話を入れて事情を聞いてやっと解放されたのです。下宿に戻って中国に電話を入れて両親の声を聞いたとたん、それまでこらえていた悔しい思いが爆発して涙が出ました」

日本語学校を卒業後、引き続き日本に滞在することを決め、母校の北京体育大学の姉妹校である日本体育大学大学院に研究生として入学することになった。

運命を変えた上海空港でのハプニング

蘭さんが会社経営に携わるのは、一人の日本人との偶然の出会いから始まった。

「日体大の大学院生だったとき、ゴールデン・ウィークの休みを利用して台湾の友人と中国を旅行したのですが、そのとき、上海空港で天候不良のために広州行きの乗り継ぎ便の出発が遅れました。空港では出発待ちの人が待機していて、いつ出発できるかと待っていましたが、夜になっても天候は回復しませんでした。そして、今日は飛行機は離陸できない、出発は明日になるという中国語のアナウンスが流れたのです」

そのとき、待合ロビーに二人の日本人がいたが、アナウンス後、多くの乗客が空港から引き揚げ始めても二人はそこにとどまったまま所在なげで、どうやら事態がのみ込めてないようだった。

「それを見て、たぶん中国語のアナウンスが分からなかったのだろうと思いましたので、傍に行って日本語で飛行機の出発は明日になったことを説明すると、彼らはその夜のホテルのあてがなく困っている様子でした。それで、一緒に探してあげましょうと申し出てみました」

翌日、飛行場でその二人の日本人と再会して、同じ飛行機で広州に飛んだ。

「広州に着いた後、中国語が不自由で、地理にも不案内な人たちを置いて立ち去ることもできず、結局、訪問先の『広州交易会』まで送り届けることにしました」

日本人は感激して、その夜、蘭さんとその友人を食事に招待した。食事の席で蘭さんが東京で暮らしていることが分かると、年配の方の日本人が名刺をわたし、別れる際に「日本に帰ったら、必ず連絡します」と言い残した。その名刺には、「中部物産貿易株式会社　取締役部長　原　久夫」（現在は代表取締役社長）と記されていた。奇しくも、のちに蘭さんの重要なビジネスパートナーとなる人物である。

浅草三社祭りの日に再会

浅草では毎年五月中旬になると、江戸三大祭りの一つである浅草神社の「浅草・三社祭り」が三日間にわたって行われ、東京や近郊県から訪れる二〇〇万人近い観光客で賑う。地元では、祭りの一ヶ月くらい前から祭りばやしの練習などが始まり、祭りの雰囲気が徐々に高まっていき、当日は大行列や三人の神さまを乗せた神輿《みこし》の宮出し、宮入りなどが行われる。浅草神社周辺の道路沿いには手焼きせんべい、ラムネ、かき氷、ビールなどの露天が出店し、浅草に居住する人、浅草で働いている人たちにとっては一年中で最大のイベントになる。

蘭さんは、この三社祭りに甘酸っぱくて懐かしい思い出がある。

「中国旅行から日本に帰ってきたのは、ゴールデン・ウィークが終わってからしばらくたったときでした。東京の下宿に戻ってみると、上海空港で助けた原さんから留守番電話が入っていました。『中国では大変お世話になりました。三社祭りのときにはぜひ浅草に来てください。そして、会社を訪ねてください』というメッセージが残されていました」

初めて浅草を訪れるのは、それから一〇日後の三社祭り開催中の五月二〇日だ。

「会社を訪ねると原さんは、社員の人に『中国で大変お世話になった人だ』と私を紹介してくれ、それを聞いた人たちは、全員で大きな拍手をして迎えてくれました」

ときおり、視線を窓の外に移しながら感慨深そうに当時のことを話す。三社祭りは、毎年決まった日程で行われているわけではない。ちなみに、二〇〇二年は五月一七日〜一九日に行われているのだが、原さんに再会した年の三社祭りがひときわ印象的だったようだ。日付をはっきりと覚えているのもうなずける。

「あなたの長所を伸ばしなさい」

中部物産貿易株式会社（本社・長野県松本市）は、一九四七（昭和二二）年、旧三井物産の解体にともなって同社の元松本出張所の社員有志が出資して創立した。鋼材製品、建材、作業用品、業務用洗剤、化学品など幅広く扱い、主として日本国内向けに卸売業を営んでいる。蘭さんは三社祭りの後、この中部物産貿易で週二回程度のアルバイトをすることになった。同社は中国からメリヤス手袋などを輸入していたが、日中国交正常化以降、取引量が次第に増えたために、中国語が読める専門のスタッフが必要となったからだ。その後、蘭さんは正社員として雇用されることになり、日体大大学院を退学した。

「仕事は、アルバイトの間は中国語の手紙の翻訳だけだったのですが、正社員になってからは事務部に配属され、書類の発送業務や出張社員の切符の手配、ワープロでの管理表づくり、当番を決めて郵便局へ行くなどの庶務の仕事もやることになりました」

日本の会社の雰囲気になじむのには時間がかかった。中部物産貿易は地方に本拠をもち、業界特有の雰囲気があったために蘭さんの目にはかなり封建的に映ったようだ。

「本来の仕事以外に社員のためのお茶入れ、トイレ当番などの仕事がありました」

ちなみに、中国では大学を卒業した女性社員にトイレ掃除をさせる会社はないという。仕事のやり方をめぐって、総務部の古参の女性社員とぶつかったこともある。

「切手はまっすぐに貼りなさい、手紙はきちんを折って封筒の中に入れなさい、受け取った郵便物は机の上に静かに置きなさいなど、やることなすこと、ことごとく注意されました。私はもともと我慢強い方ではないのですが、そのときは我慢していました」

そのうち同情する社員も現れ、最後には原さんが助け船を出してくれた。

「あなたは事務は苦手なようだけれど、別の能力があるから商品の勉強をして営業の手伝いをしてください」と、事務部から営業部に配置転換をしてくれた。

「原さんは私の性格を考えて、短所を無理に直そうとしなくていい、むしろ自分の長所を見つけてそれを伸ばすようにと言ってくれました。そのときから私の人生は変わり、頑張って仕事を続けていこうと思ったのです」

原さんの懐の深さに打たれたようだ。

雑務をきちんとこなすのが日本の文化

営業部での仕事は中国の取引先との連絡係で、社長や社員の中国出張に同行して通訳もした。「業界では外国人を採用するのは初めてだったので、周りの人は物珍しさも手伝って興味をもって眺めているのが分かりました。毎日の業務の中では商品の価格を間違えるなどミスをしたこともありますが、そんなときでも原さんは、失敗してもいいから、ともかく前向きに仕事をしなさい。そして、中国人の目から見てうちの商品をどう思うか、どう改良すればもっと売れるのか、日本人と違う意見をドンドン出してくださいと言ってくれました」

営業部で働いていたとき、一つの面白いエピソードがある。日本人社員が電話を受け取るとき「いつも、お世話になります」と言っているのを聞いていたので、ある日、誰も職場にいないときにかかってきた電話に向かって「いつも、大きなお世話様になります」と言ったのだ。「電話の相手は大の得意先でしたので、『大きな』をつけたら日ごろの感謝を表せるかと思ったのですが、あとでまったく逆の意味になると教えられ、恥ずかしい思いをしました」と、日本語の難しさを痛感したと話す。幸い、電話の相手は怒るどころか親しみをもってくれて、「それ以降お会いすると、大きなお世話の蘭ちゃんだね、と言って可愛がっていただきました」。

中部物産貿易勤務時代を振り返って、蘭さんは次のような感想を述べている。

「日本の会社では雑務であってもていねいで正確な仕事が求められるので、最初は、何でそこまでやらなければならないのと思ったものです。そのうち、それも一つの日本の文化ではないかと考えるようになったのです。そして、会社を設立して、中国に工場をもった今では、その経験はとてもプラスになったと思っています。日本人の商品基準を知る参考になったからです。中国の工場責任者に日本向けの商品を製造するときはどのように製造してもらえばいいのか、中国の規格とどのように違うのかを自らの体験から自信をもって説明し、指導できるようになりましたから」

日本の中小企業の手助け

蘭華貿易有限会社を創業して蘭さんが独立したのは一九九一年のことだ。中部物産貿易と同じビルにオフィスを構え、一〇〇〇万円の資本金で会社を設立した。出資したのは蘭さん、中部物産貿易、そして原さん個人で、各々が三分の一ずつ出した。会社をスタートさせるとき、原さんは蘭さんに釘をさした。

「うちには長年付き合っている友好商社があるので、その仕事をとるのではなくて、誰もやっていないことを見つけてあなたの仕事にしてください」

誰も着手していない仕事を探すということは、ビジネス経験のない蘭さんにとって大きな試練であった。

「会社をつくったといっても最初のころはこれといった仕事もなく、中国の貿易会社に話をもちかけて、日本では高価な羽毛布団やカシミヤ製品を中国から日本に輸入して問屋に卸したり、小売販売する仕事をしていました。一枚売れれば二、三〇〇〇円は儲かる利益率のいい商売でした」

中国で委託生産の仕事を始めるきっかけとなるのは、作業用手袋を製造している中小メーカーの経営者や問屋で働く人たちと話をしているときだ。経営者たちは、一九九〇年代に入ってからの円高現象で、東南アジアや中国から安価な手袋輸入が進むと価格競争が激化することを予想して、不安を募らせていた。そのとき、蘭さんの頭に一つのアイデアがひらめいた。

「日本の中小の製造業者は素晴らしい技術をもっているのに、人件費が高く、職人の数が年々減少していることが分かってきました。働く方でも手袋工場内はむし暑くて、快適だとは言えないことから3Kと見なされて敬遠されていることが分かり、日本で操業を続けていくのは限界にきていると感じました。それでは、メーカーに技術協力してもらい、人件費が日本の二〇分の一の中国で生産したらどうかと提案したのです」

メーカー側も工場を海外に移すことは考えているが、その具体的なノウハウが分からない。税制など現地の事情に疎く、言葉のできるスタッフもいないということで悩んでいるということが分かった。そこで、日本と中国両方の事情に詳しく、バイリンガルの華僑が架け橋となって日本の中小企業の手伝いをしたいと思った、と言う。

六つの工場を設立

しかし、本格的に商売を始めるにあたっては不安もあった。

「始める前に中小企業総合事業団に相談に行ったら、中国の合弁企業はいろいろ問題が多いからやらない方がいいよ、と言われたのですが、失敗してもいいや、お金を捨てるつもりでやってみようと思いました」

最初に技術協力をしてくれたのは、すべり止め作業用手袋メーカーの大手である「勝星産業」（富山県東砺波郡井波町）だ。勝星産業は手袋の表面にすべり止め突起を付ける技術で実用新案を取得し、長年、国内製造シェアでトップの座を維持してきた会社である。

「私は勝星産業の貝渕和夫社長とお会いし、技術協力してもらうように頼みました。そして、一二年前に江蘇省の張家港に最初の日中合弁企業を設立し、作業用手袋の生産を始めたのです」

出資比率は、日本と中国各五〇パーセントずつで、日本側からは中古機械と一〇万ドルを出資し、中国側からは建物と従業員五〇人を提供するという契約をとりつけた。中古機械は、勝星産業で使用していた全自動式手袋編機を買い取って配送した。出資金のうち、一部は三年返済という約束で中部物産貿易から借りた。

「機械は自動手袋編機のパイオニアといわれる島精機製作所（本社・和歌山市）の優れもので、当時の中国ではこの種の機械を導入している工場は少なかった」と話す。

作業用手袋製造に精を出す中国人従業員

二番目に北京に建設した工場も合弁会社だ。

「この工場でも、勝星産業の協力で、すべり止め効果のある作業用手袋と、それとは別にコーティングした油作業用メリヤス手袋や防寒手袋を生産しています。メリヤス手袋のコーティング技術で協力してくれたのは静岡県清水市の会社で、この会社にも足を運んで社長さんに技術協力をしていただくようにお願いしました。コーティング技術は非常に難しいもので、その会社の社長さんはイギリスのコーティング手袋の技術を日本に初めて紹介した人で、大変優れた技術をもっている会社です」

日本でコーティング手袋工場を建設すると約一億円の資金が必要になるが、中国で設立すればその一〇分の一で済むことが分かり、工場建設に拍車をかけた。

「中国で生産した商品は蘭華貿易が全量引き取って日本で販売するという契約で、製品は、卸し店を通じて各自動車工場と、作業用品の店とホームセンターなどに納品しています」

三番目の工場は南京に建設し、日本が一〇〇パーセント出資する独資企業だ。皮、ビニール、メリヤス製品を縫製する工場で、蘭華貿易が管理している会社では一番規模が大きい。敷地面積は約二〇〇〇坪で従業員数は約四〇〇人だ。出資金額は暫定的に増額し、最終的には約三億円になる見込み（蘭さん）。さらに、四番目の工場は広東省に設立した合弁会社で、皮のなめしと製造、皮手袋縫製を行っている。そして、五番目の工場は上海市に所在し、仏具、仏衣、仏壇、棺、祭壇など葬祭用品を製造する専門の技術協力工場だ。製造した製品は、全量日本市場向けで販売されている。

「仏具、仏壇などを製造するというアイデアは、浅草の町を歩いていたとき、仏壇通りに立ち並ぶ仏壇店を見てふと思いついたのです。六番目の工場は、江蘇省の無錫《むしゃく》に建設した独資会社ですが、ここでも布団、仏衣などの製造を行っています。アイデアというのは、どんなときに出てくるか分からないものですね」

工場管理は中国人が適任

工場設立にあたっては、中国の工場との間で資金の面などで苦労も多かった。

「これまで建設した中で、一番苦労したのは最初の工場です。初めての経験ということもありましたが、創業時は何とかうまくいっていたのですが、その後、いろいろ問題が起こってきました。こちらから原材料を提供しているのに、それを使ってうちの競争相手の商品を製造したり、実際は利益が上がっているのに人件費を水増しして赤字だといってお金を余計に取られたりで、合弁会社で起こる問題のほとんどを一度に経験しました」

二〇〇二年の二月に契約期限が切れるのを待って、この工場との契約を解消した。

「日本から配送した中古機械はそっくり差し上げました。日本に持って帰っても鉄クズ同然ですから」

幸い、この教訓を生かして二番目以下の工場とは上手くいっているが、工場管理者の人選については、日本人スタッフとの間で意見が異なって議論したこともある。

「私の方針は、常勤の工場管理者として日本人を派遣しないというものです。その理由は、日本人を派遣するとコストが高くなるということと、派遣する人の選定が難しいからです。そして、日本人は現場の空気が分からないので、現地の中国人が管理した方がいいと考えたのです。けれども、技術研修の期間は必要ですから、工場設立の最初の半年間は日本人技術指導者を派遣し、機械のメンテナンスの方法

中国工場の従業員たちと、後列左端が蘭さん

を教える期間として、一、二ヶ月間、専門家を派遣することにしています」

作業用手袋は、中国工場での生産と並行してマレーシア、台湾などからも安価で、特色のあるデザインの商品の輸入を行っている。作業用品の売り上げは年商一五億円（二〇〇二年八月期）、葬祭用品関係は来年度は二、三億円に達すると予想している。

失敗も人生学校の授業料

中国人の女性が日本社会でビジネスを行うにあたって、障害や戸惑いも多々あったことが想像できる。

「相手が女性と見ると、企業の担当者は商談に応じようとしないということがありました」

それまで笑っていた蘭さんの顔がこわばみ、筆者から視線をはずした。

「中国の社会は基本的には男女平等ですし、とくに上海や北京などの都会では日本よりも女性の社会進出が進んでいるので女性経営者の数も多く、女性だからという理由で商売がやりづらいということはまずありません」

また、仕事が終わってからの酒場などでの「ノミニュケーション」が仕事の一部と考えられている日本のビジネス慣習に慣れるのにも時間がかかった。

「日本人男性は、出張に行くと必ずと言っていいほどスナックへ行きたがります。一緒に行くのを断ると嫌われて、次の日の仕事に差し障ったりするのではないかと心配になったこともあります」

六年前に、日本に帰化した。

「帰化してから、銀行や不動産業者の対応が変わりました。だからといって周囲の人全部が私のことを日本人とは見てくれませんが、外国人女性がこれだけ頑張っている、と言って応援してくれる人もいます。極端ですよ。でも、コツコツと努力していると必ずどこかで誰かが見ていて評価してくれる、それが日本社会の良いところでもあるのですね」と、ニッコリ。

これまでのビジネスの経験について、「とても人が体験できないようなことを経験させてもらい、上手くいかなかった事業もありますが、それは人生という学校に通って学費を払ったと思っています。お金のことでは夜も眠れないくらい悩んだことがあり、死ぬほど苦しんだこともありますが、今は何があっても恐くないという心境です。苦労は財産ですね」と語る。

家族は中国人の主人と二人の子どもで、主人はアメリカの大学でＭＢＡを取得したあとに日本の大手商社に就職したが、その後転職し、現在は京都に本社をもつ大手電子部品メーカーの上海支店に勤務している。

「主人はプライドの高い人ですので、最初は妻が仕事をやっていることに対して傷ついている部分もありましたが、最近ではむしろ励ましてくれるようになりました。夫婦の違うところは、彼はずっと大企業に勤務しているので大手の立場からものを考えるのですが、私は中小企業相手の仕事をしているのでいつも中小企業の側に立つというところですね」

蘭さんは、所帯臭さを感じさせない人だ。性根を入れてビジネスに取り組めるのも、こうした家族の理解や協力があればこそなのだろう。

中国向き商品の開発へ

「日本は不景気だと言われていますが、幸い売り上げは順調に伸びています。日本マーケットで売っていくためには厳しい商品管理が必要ですが、逆に日本で売れるものなら世界のどこでも売れると言えます。今後は、日本の高い技術力を生かして、日本以外の所でも販売ルートを開拓していこうと思っています。たとえば、アメリカとかカナダとかですね。日本の技術はよいから売れると思っています」

このほかにも、中国で大きな計画をもっている。

「中国では大きなビジネスチャンスが生まれると確信しています。日本の企業は、引き続き工場を中国や東南アジアに移転する考えでいますから、そのお手伝いをしていこうと考えています。販売の面では、日本のよいものは中国でも売っていき、それとは別に中国マーケット向きの商品を考案して販売していきたいと考えています。中国では流通システムが日本と違うので、問屋や流通センターをつくって配送システムを確立していきたいと考えています」

とくに、日本向け商品は三番目に設立した南京工場で生産し、少量多品種の発注で効率よく生産し、低コストで配送できるように工夫していく考えだ。

国籍、年齢を超えたパートナーシップ

「私の場合は、能力を伸ばしてくれる原さんがいてくれたのでとてもラッキーなケースだと思っています。今、従業員もついてきてくれるし、それを考えるともっと頑張らなくてはと思いますね。前向きに努力していきたいと思っています」

蘭さんを企業家として育て支えてきた中部物産貿易の原さんの助力は大きい。取材が終わったとき、その原さんを紹介された。

「同年代の人に中国残留孤児が多いということで中国に興味をもちました。孤児たちを立派に育てていただいた中国の庶民に微力ながら恩返しをしたいという気持ちから、中国との貿易を始めることになったのです」

このように中国とのかかわりを話したあと、蘭さんの人柄について次のように話した。

「蘭さんは明るくてさっぱりした性格で、仕事上のことで大喧嘩をしたことも何度かありましたが、それでも、翌日にはお互いに忘れてまた一緒に仕事をしていました。長年仕事をしてきて、これまでにいろいろなことがありましたよ。中国出張では一緒に乗っていた車が対向車と衝突して空中に放り出され、九死に一生を得たこともありました。とにかく、蘭さんという人は強運の持ち主ですね。私も彼女から運を分けていただいているような気がします」

原さんは今年還暦を迎えたが、その左手首に、中国で縁起が良いといわれている赤色の瑪瑙《めのう》の数珠がはめられている。蘭さんが中国工場に特別に頼んでつくってもらい、還暦のお祝いにプレゼントしたものだ。

「もし、上海空港での原さんとの出会いがなければ、そして三社祭りのときに浅草に来ていなければ、おそらく私はビジネスの道は歩んでいなかっただろうと思います。中国に帰って、学校やスポーツ・クラブで新体操の教師になっていたかもしれない。人間の運命って不思議なものですね」

と、話す蘭さんの表情を見ていると、年齢差、国籍を越えて、人間として互いに尊敬しあっていることがうかがわれた。そして、インタビューの最後、蘭さんの意外な言葉を聞いて蘭華貿易を後にした。

「今後、ずっと会社を運営していくかどうかは分からない。でも、四五歳くらいになったら仕事を辞めて子どもの教育に専念するのもいいなと考えています。それと、趣味の時間をもっと増やしたいですね。今、ゴルフ、テニス、水泳をしていますが、日本の華道、茶道を習ってみたいと思っています。今までやってきたことは男性のやることばかりだったから、女性的なことにもチャレンジしたいのです」

（取材日：二〇〇二年四月、同年一二月に加筆修正した）

4

両立

呂《ろ》　春生《しゅんせい》

家庭と社長業を両立させる呂春生さん

呂さんの息子からの電話

昨年（二〇〇二年）七月一〇日の夜八時過ぎ、自宅の電話が鳴った。受話器を取ったら聞こえてきたのは小さな男の子の声。私の家に子どもから電話がかかってくることはまずないことなので、すぐに呂さんの子どもの龍君だと分かった。

「広田お姉ちゃん、台風来てるけれど明日来れますか?」

龍君とは、一昨年の夏に呂さんを取材したときに会っている。日本人のご主人との間に生まれた一人息子で、五歳になるかならないかなのにとても利発で、初対面のときにも少しもものおじせずに堂々としていたことが印象に残っている。

七月一一日に仙台に住む呂春生さんに取材のアポイントをとっていたのだが、あいにく台風が発生して、一〇日は関東地方に豪雨をもたらし、翌一一日には東北地方に接近すると天気予報は伝えていた。呂さんに電話を代わってもらったら、「龍ちゃんが話したいというので電話をかけました」。おっとりとした女性の声が聞こえてきた。呂さんは自分の子どもを他人に話すときでも「龍ちゃん」と言い、まさに「目の中に入れても痛くない」という言葉がピッタリなほどの扱い方である。

案の定、翌朝は東北行きの列車は新幹線、在来線のいずれもが始発から運休しており、取材を延期することにした。仙台で呂さんと一年ぶりに再会したのは、台風が去ってから四日目の七月一五日のことである。

上野駅を午前八時ちょうどに発車する常磐線特急「スーパーひたち八号」に乗車すると、列車は、日立、いわき、相馬など福島県の太平洋側を通って四時間半で終点の仙台駅に到着した。改札口を出たら、電話で打ち合わせしていた通りに呂さんが待っていた。身長一六八センチくらい、女性としては大柄で中肉。丸顔で、色艶がよく健康的に見える。セミロングの黒髪にヘアバンドをしており、体全体からエネルギーが溢れているような、そんな気が伝わってくる。呂さんが事務所兼住まいにしているマンションは仙台駅からすぐの所だが、あいにくと雨が降ってきたので、呂さんのご主人が運転する車で迎えに来てくださったとのことだった。

会社として使用しているのは二部屋で、入り口に近い部屋には接客用の大きなテーブル、数台の電話器、そしてコピー機などの事務用品がある。一方の壁に本棚が設置され、中国関係の書物が天井に届くくらいまで並べられており、呂さん夫妻が中国に深い関心を抱き、中国とかかわりのある仕事をしていることが想像できる。そして、もう一つの奥の部屋はご主人専用の執務室で、やはり大きな机と多くの書籍が見える。

魯迅が学んだ東北大学に留学

呂さんの出身地は中国東北部吉林省の省都・長春市だ。吉林省は日本とゆかりが深く、一九三二年、満州に駐屯した日本陸軍部隊で満州支配の中心になった関東軍が清朝のラストエンペラーの溥儀《ふぎ》（一九〇六〜一九六七）を皇帝にまつりあげて「満州国」を建国した所。呂さんの子どものヘアスタイルは、後部の一部の髪を後ろに垂らし、清朝時代の男性の髪型であった「弁髪《べんぱつ》」に似ているが、呂さんの考えによるものだろうか。

彼女は、地質学院（大学）を卒業した後に江蘇省に移り、さらに淮海大学で学んで、卒業後は北京にある日系の貿易商社「江磁貿易北京事務所」に就職した。来日したのは一九九〇年で、留学先は東北大学経済学部研究科である。

「東北大学を選んだのは、宮城県と吉林省が提携県省、仙台市と長春市が姉妹都市提携している関係で、先輩に吉林省出身の人が多く情報が手に入りやすかったからです。有名な魯迅《ろじん》（一八八一〜一九三六）が学んだことがあると知ったのは入学後です。それ以来、東北大学を選んで本当によかったなと思っています」

魯迅は半封建体制下の中国で、反儒教、反帝国主義の立場に立って、小説『狂人日記』や『阿

Q正伝』などを著した文学者だが、日本に留学中の一時期、医学を志して仙台医学専門学校（現・東北大学医学部）に在籍していたことがある。

呂さんは日本経済史を専攻し、卒論は第二次世界大戦後の日中両国の経済発展の違いについて書いた。

「日本も中国も、戦争では国土が荒らされ、多くの人的物的損害を被った。それにもかかわらず、日本は大きな経済発展を遂げ、一方の中国はいまだ発展途上にある。原因はどこにあるのか研究してみたかったんです。エッ、結論ですか。それは中国の政治、制度に問題があるのではないか、というところに行き着きました」

日本語は「中国にいたときにも勉強していたけれど、あまり役には立たなかった」と言う呂さんは、大学の日本語のクラスも同時に受講して、ブラッシュ・アップした。その学生生活だが、私費留学のために経済的にはかなり苦しい生活を強いられた。

「食費は一週間で二〇〇〇円、一ヶ月で八〇〇〇円と決めていました。そうしたら、栄養失調になって入院しました。それに追い打ちをかけるように中国の母が肺癌にかかったとの知らせが入って、そのときは本当に心細い辛い思いをしました。もちろん、アルバイトもしましたよ。漢字が読めるので、郵便局で時給五〇〇円の郵便物の仕分けの仕事をしました。時給五〇〇円だったらあまり生活の足しにはならないけど、スナックで働けば時給三五〇〇円はもらえるよ、と教えてくれた人がいたけれど、郵便局の方が安全なので思いとどまりました」

大学時代のことを話すとき、呂さんの目には涙があふれる。

一九九二年、大学卒業と同時に、地域の人と留学生との交流会で知り合った佐藤亀三さんと結婚した。地元宮城県の出身で、日本住宅公団に勤務した後に不動産関連の会社を設立して独立し、東北・北海道地区の団地建設や都市建設の仕事に携わってきたが、その後、貿易業の「大拓貿易株式会社」を創業した。

吉林省の原木を日本に輸入

呂さんは、結婚後は大拓貿易の役員に就任して、中国とのつながりを活用して国際貿易の仕事に着手する。

「自分の会社をもつことは、北京で日系の貿易会社に勤めているときからの目標でした。やれるかどうか分からないけれど、とにかく始めてみようと思って」

最初に思いついたのは出身地の吉林省の森林地帯で産出されるナラ、タモなどの木材の日本への輸入だ。とくにナラは、木目が美しいためにドア、階段、手すりなど洋風家屋の内装具材として好まれている。日本でもかつては北海道でナラの一種のミズナラが産出されていたが、一九六〇年以降、生産量は減少の一途をたどり近年では輸入に依存している。

「以前勤務していた江磁貿易に電話をかけて聞いてみたり、住宅に詳しい主人の話を参考にしたりした結果、日本人のお客がナラやタモを欲しがっていることが分かりましたので、大拓貿易として吉林省の林業庁と交渉を開始し、直接取引をすることにしたのです。お客さんを森林に案内したこともあります。みんな、吉林省のナラやタモはいいと言って喜んでくれました。というのは、吉林省の気候は暑すぎないし寒すぎないので、ロシア産のものに比べて木の皮が薄くスライスする部分が大きいからです。樹木は、伐採した後、原木のまま大連港の木材倉庫に一時保管して、そこから名古屋港や横浜港などへ運びました。その後、日本の業者が加工して一億円以上の高級マンションの内装に使われました」

このように呂さんが語るナラ、タモの輸入だが、「吉林省が伐採しすぎると言ってきたため、輸入は続けられなくなりました。樹木が成長するのに四〇〇年から五〇〇〇年以上かかるからです」ということで一九九九年に終わった。その後、一時期はそれらに代わる木材として吉林省の松を輸入した。

「松の木は柔らかく彫刻しやすいので、日本のマンションの柱や欄間の素材として適しているからです」

北欧の会社から委託生産の依頼

次に手掛けたのが「委託生産加工引き受け」で、北欧の紡績会社から注文を受けて中国で生産できる工場を探し、製造可能な量や価格の交渉、そして縫製した商品を輸出し、納品するという一貫した仕事だ。

「北欧四ヶ国の会社の展示会に参加して、委託生産の注文を受けたのです。会社から図面をもらって縫製してくれる中国の工場を探しました。候補先として、江蘇省と天津市の工場に絞り各工場を訪ねました。江蘇省の会社は淋しい所にあり、飛行場はもちろんのこと、近くには鉄道の駅もない所で、交通手段は深夜バスだけでした。恐かったけれど、仕事だから行きました。工場長にサンプルを見せて、どのくらいの値段でできますか、どのらいの数がこなせますか、と聞きました。話が終わったのは午前三時を過ぎていましたね。とても親切な人たちでした」

結局、天津市の工場でパジャマ、下着、ベストなどを縫製してもらうことになり、「まず製品サンプルをつくってもらい、注文先のＯＫが出て量産契約が成立すれば、それ以降は工場長の技術指導に任せました」と、呂さんは言葉を続ける。

製品の輸出ルートは、上海港から南回りでデンマークのコペンハーゲン港に運搬するというものであった。

「片道四八日間もかかるのに、請求書の締めは毎月月末と決まっているので、北欧向けのビジネスはあきらめました。日本の会社だったら上海港からたったの三日間ですからね」

商品管理が厳しい日本

現在、呂さんは大拓貿易のほかに二つの会社を経営している。一つは日本の食品会社のために委託生産加工を引き受ける「清誠食品有限会社」、もう一つは食品開発を専門とする「中華聖宝有限会社」で、日本人の食卓にマッチした付加価値の高い商品を目指している。清誠食品の設立は一九九七年で、関東地方の食品製造会

委託生産ビジネスの難しさを話す呂さん

社から注文がきたのが契機になった。

「委託工場を探したときの方法は、まず、中国で食品会社を経営している友人に候補先を挙げてもらい、各工場を訪ねました。工場責任者に会ったときに確認したことは、第一に衛生管理、第二に日本への輸出実績があるかどうか、第三に年間どのくらいの量がこなせるのか。日本へ輸出したことがある、と答えた場合でも必ず納品先を確認するようにしました。次に、商品のサンプルを出して同じものをつくってもらい、それを日本のお客さんに見せて確認してもらいました」

と、呂さんは話す。

結局、山東省にある野菜工場に委託することに決め、ニンジン、タケノコ、山菜などを切った野菜の真空パックを製造した。日本のメーカーに納品した後は、スーパーや小売店の店頭に並べられるという。

「日本でも共稼ぎの家庭が多くなったので、奥さんは料理の時間が節約できるような商品を求めているようです」

袋を切ってそばにかけたらそのまま「山菜そば」になり、ほかの材料と中華鍋に入れてそのまま炒めたらおかずになるなど、大幅に時間が節約できる。最近売り出したばかりの「筑前煮パック」は、ゴボウ、ニンジン、コンニャクなど筑前煮の材料が入っており、ダシをつくればそのまま食卓に出せる仕様になっている。呂さんは、「最近の若い主婦の中には、野菜を切ったり、むいたりすることを面倒がる人が多いので開発しました」と説明する。

中国工場で製造される商品の管理について尋ねると、次のような言葉が返ってきた。

「私は、賞味期限など表示をチェックしたり、注文通りの野菜が入っているかなど点検してます。また、野菜の栽培方法についても、現地の山や田畑に出向いて農薬が日本の厚生省の基準に基づいているかどうかを確認しています。最近、中国野菜の農薬含有量が基準を上回っていたと新聞を賑わせていましたが、それは製造者の責任ではなくて、輸入商社が管理しなければならない仕事の一つなのです。

日本は商品管理基準が厳しいので、ビジネスを続けていこうと思えば、中身の大きさや長さが揃っていなければならなかったり、見た目も

中国工場で商品開発の指導をする呂さん（左隣が息子の龍君）

美しくなくては売れない。価格の交渉も厳しいです。けれど、いったん商談がまとまると長く取引してもらえるという良い点がありますね」

コンニャク工場を探し歩いて

「コンニャクの発祥地は中国の雲南省か四川省だといわれているのですが、実は、私は日本に来るまでコンニャクを食べたことがなく、料理方法も知らなかったんですよ」

野菜に続いてコンニャクの製造を中国で行うことを提案したのはほかならぬ呂さんだ。日本では田楽や和え物、冬の鍋物の材料など私たちの食文化に欠かせないが、不思議なことに発祥地の中国では食材としてほとんど知られていない。

「コンニャクを製造してくれる工場を探して訪ね歩いたのですが、原料になるコンニャク芋さえ知らない人がほとんどで、そんな中で料理法などを紹介しながら回りました。そして、何軒目かの工場で、日本の消費者向きにつくってくれると言ってくれた所が見つかったのです。私の方からは縛った糸コンニャクの長さが不揃いにならないようにして下さいなどと注文をつけて、日本マーケットで売れるまでにしました。賞味期限も石灰水を入れてパックしたら一年は日持ちするのですが、日本の基準に合わせて半年にしました」

最終的に深圳《しんせん》（広東省）の工場で製造することに決めて、糸コンニャク、刺身コンニャク、ほうれん草入りコンニャクなど二〇種類以上のパックを製造した。呂さんのビジネスに対する鋭い勘はあたって、コンニャクの商売は大ヒットし、「ピーク時には、年商一億五〇〇〇万円に達しました」と話す。

西部大開発に一役買う

しかし、中国でのコンニャクの製造にひとかたならぬ熱意を示すのは、どうやら金儲けからだけではないようだ。

「調べたところによると、日本では、乳幼児を含めて全人口の三分の二に当たる八〇〇〇万人の人が食べていることが分かりました。日本が世界一の長寿国であるのも、もしかしたらコンニャクに原因があるのではないかと考えたのです」

呂さんが言うように、コンニャクは昔から「砂払い」と呼ばれ、体内の砂を除去する働きがある健康食品だといわれてきた。成分の九四パーセントが水分で、カロリーはゼロに近いので、最近ではダイエット食品の原材料としても用いられている。

そこで呂さんは、大学教授、日本政府関係者、コンニャク製造業者に呼びかけて、二〇〇〇年一月一五日に「世界コンニャク研究会」を発足させ、その会長に就任した。

「中国でのコンニャク製造の推進と、中国人の食生活の中に普及することが目的です。というのも、最近では栄養状態がよくなってきたために糖尿病の人が増えたり、子どもたちは一人っ子政策のために大事に育てられすぎて、肥満児が増える傾向にあるからです」

ところで、そのコンニャクの製造場所については、「今後は、発祥の地といわれている雲南省や四川省で製造したいのです。この地域は中国の中でもとくに経済開発が遅れている『貧困地域』なので、日本向け、中国向けの工場が建設されれば雇用の機会が増えて貧困解消になる。中国政府が進めている『西部大開発』（中国内陸部一〇省を対象に、沿岸部地域との経済格差をなくすることを目的に展開している中国政府の大キャンペーン）にもひと役買うこともできます。まさに一石二鳥です」と話している。

台風六号が去った七月一二日、一三日は、全国から関係者一五〇人が集まって、世界コンニャク研究会の会合が日本有数のコンニャクの産地である群馬県下で行われた。呂さんは、ご主人と子どもをともなって出掛けた。会議の内容を聞いていたご主人は、「会が当面の目的とすべきことは、中国で製造したコンニャクを日本に輸出し、外貨を獲得することではないのか。中国にコンニャクを普及させるというのは、現段階では「飛躍しすぎている」という感想を抱いたそうだが、呂さんはこれを強く否定する。そして、普段、穏やかな呂さんがこのときばかりは譲ろうとはしなかったのが印象的だった。

「日本へ輸出するだけで、中国人が食べないコンニャクの研究会なんてまったく意味がありませんよ。学校の給食のメニューに加えたり、二〇〇八年に北京で開催されるオリンピックにはぜひともオリンピック指定商品に認定してもらい、これを契機に中国人の台所に普及させたいのです」

実益を兼ねた私立学校を設立

このように日本と中国で精力的に動き回る呂さんだが、実はほかにもプロジェクトを抱いていることが分かった。近く、中国に大学を開校する計画で、二〇〇二年四月にすでに学校設立の申請を済ませたという。

「場所は北京市に近い河北省で、筑波学園都市のような『大学城《だいがくじょう》』をイメージして創りました」

中国では、従来、教育費は国が負担してきたが、改革・開放政策以降、私立学校の設立が認められるようになった。国立大学のように卒業生の進路を国が決めることがなく、卒業生が自らの道を選択できるところが人気の一つで、学生獲得のためにパソコン学科、対外貿易英語専攻など、市場ニーズやＩＴ化時代に対応した専攻を開設している学校もある。

呂さんの大学は、家政、機械、証券、日本語、華道の五つの学科があり、中でもユニークなのが家政学科だ。

「学生の人生設計や当面の必要性に応じて、四年制と短期コース（三ヶ月と六ヶ月）のどちらかを選択できます。四年制は学問としての家政学を、短期コースの方は、お手伝いさんとして雇われたときに役に立つ実践的な知識や技能を教えるコースです」

呂さんによれば、最近では都市部を中心にお手伝いさんを雇う裕福な家庭が増えており、応募してくるのはたいてい地方出身の経済的に恵まれない家庭の子女だという。

「都会に出てきた彼女たちが、すぐに勤め先を見つけられて自立できるようにと考えて設立しました。授業の中では、日本人女性を模範にして日常生活の中での気ばたらきや女性としてのたしなみも教えるので、花嫁修行中の女性の中にも入学したいという人がいます」と、話す。

子は親の鏡

ところで、呂さんの息子の龍君は現在六歳で仙台市内の保育園を通っているが、二〇〇二年九月から呂さんの元を離れて北京市内のインターナショナル・スクールへ通うことになった。

「中国で入学試験が行われたのですが、倍率が厳しかったんですよ。でも、龍ちゃんは面接のときはとてもハキハキと答えていました」と、呂さんは息子のことが誇らしくてたまらないような口調で話す。

中国では、「貴族学校」と呼ばれる私立学校が設立されており、そこに入学してくるのは海外に住む華僑や私営企業家など裕福な家庭の子どもが多い。英語と中国語で授業が行われ、パソコンなど、最新の機器設備を使っての教育も行われるという。

呂さんは子どもの教育にとても熱心で、それは日本の母親に劣らない。自分の子どものことを他人に話すときに「龍ちゃん」と呼ぶのは、単純に日本語の使い方の誤りだけではないようだ。

子どもの養育の方法についてはご主人ではなく呂さんが主導権を握っているようで、呂さんは自分の行く所どこへでも龍君を連れていく。昨年は、世界各国の中華総商会の代表者が集まる世界華商大会（二〇〇一年九月に中国・南京市で開催）にも同伴した。驚いたことに、後から配られた報告集を見たところ、当時五歳の龍君が大人の参加者と同じように一枠もらって写真入りで掲載されていた。むろん、これは呂さんの希望によるものだろうが、龍君も大人と同じように自分を主張し、子ども扱いされるのを嫌がる。「可愛い」とか「小さい」と言われると、喜ぶどころか「そんなこと言わないでよ」と注文をつける。

そんな龍君の性格を表す一つのエピソードがある。取材が終わったとき、呂さん一家と仙台市内の日本料理店に行って軽い食事をした。店員が飲み物の注文を聞きに来たとき、龍君は大きな声で「僕、オレンジジュース」とはっきり答えていた。その後、一杯目のジュースがなくなると自分で店員を呼んで「もう一杯」と注文していた。それを見たとき、日本では「子は親の鏡」と言われるが、もしそれが呂さん親子にも通用するなら、龍君の中に呂さん自身が投影されているのではないだろうか、と思った。

日本に来て一〇年余りで、結婚しても主人の収入をあてにせずに、何もないところからビジネスのアイデアを次々に案出して行動に移していった。そんな呂さんの、国際的で自律的な姿勢を龍君は受け継ぎつついでいるかのようである。

（取材日：二〇〇二年七月、同年一二月に加筆修正した）

5 商売の基本

顧《こ》　徳明《とくめい》

会社のショールームで取材に応じてくれた顧徳明さん

中国で加工した墓石を販売

上野駅を一一時三〇分に発車するJR高崎線「アーバン号」に乗車すると、大宮駅を過ぎてしばらくするころから車窓はビルやホテルに変わってビニールハウスが点在する田畑が目立つようになる。発車時には四人掛けシートの窓際に席をとっていたが、停車するたびに乗客の数は少なくなり、そこで上野駅で買い込んだ手巻き赤飯おにぎりとペットボトルの中国茶を取り出して腹ごしらえをする。

午後一時、降車駅の本庄駅に到着だ。ここは、東京から八五キロ離れた群馬県境に近い埼玉県児玉郡神川町で、町の人口は一万三〇〇〇人、田と畑を合計した面積は町の総面積の四四パーセントに達する。町の産業は、銘柄商品の開発や総出荷センターを開設して都市圏に向けて出荷するなど生産性の高い集約型農業である。

改札口を出ると電話で打ち合わせしていたように、小柄な男性が壁にもたれながら待っていた。着ている真っ白いシャツから日焼けした腕がのぞき、首から赤い紐のついた携帯電話を吊るしている。ややつり上がった細い目をしているが、顔のどこかで笑っているような雰囲気がある。地元神川町で石材店を経営する、中国人の顧徳明さんだ。

「もう、食事しましたか。僕、まだ食べていないから軽く行きますか」

顧さんの車に乗って駅の周辺で適当なレストランを探すが、「本当に、何にもない田舎なんですよ。上海にもこんな所ないね」と言う顧さんの故郷は上海だ。

やっと、民芸風の日本そば屋を見つけて入る。顧さんは注文を取りに来た人に「ここのおすすめは何ですか」と聞いて「鴨なんば」を注文し、私は熱いものが大の苦手な猫舌なので「おろしそば」にする。「寒いのに、なんでこんな冷たいものを注文するんですか。いいんだよ、時間かかったって待ってたのに」と、温かい麺を注文しなかったのは残念だと言わんばかりだ。

本庄駅から車で二〇分ばかり走ると、顧さんの経営する「ATO」本社だ。店の周りには大小の黒光りした御影石製の墓石、石灯篭、大黒天、観音像などの石仏、そして、可愛しいパンダや招き猫などの石のモニュメントが並べられており、そのほとんどが福建省にある同社直営の工場で加工されたものだという。

日本全国で流通している墓石は現在年間三五万基で、その約九〇パーセントは中国、韓国、インドなど海外産の原石が使われており、また全体の墓石の約三〇パーセントは海外で加工されている。顧さんによれば、中国工場で年間一五〇〇基の墓石を加工し、国内で加工されているものの三分の一の値段で提供している。質的にも自信をもっており、原石の質がよく、細かく研磨してあり艶があって美しいと評判がよい。これは、中国では伝統的に寺の装飾などに石の彫刻が使用されてきたように、石工の数が多く、その技術水準も高いからだともいう。

ＡＴＯは、二〇〇二年一二月に、前身の墓石小売業の「石の興産」と石の興産の関連会社で卸売り専門の「大安堂」（埼玉県児玉郡上里町）が合併して設立された。石の興産は、一九九四（平成六）年一二月、石材業界の励ましに支えられて創業したが、経済面で支援してくれたのは中国に住む顧さんの父親だ。

「資本金一〇〇〇万円の大部分は、父が資産を処分してつくってくれ、残りは中国人の友人が融通してくれました」

また、二人の兄と二人の姉がいるが、兄弟の仲はよく、石の興産設立後、兄と姉たちが同社の役員に、大安堂の社長には次兄が、中国の墓石加工工場の現地社長には姉の主人が就任した。

墓石、石仏が並ぶ ATO ショールーム

それでも商売が軌道に乗るまでは辛い時期があって、「一週間くらい牛乳だけで過ごしたこともあります。牛乳は安いし栄養があるから。でも、真っ白な小水が出ましたよ」と、今では笑って話せる思い出話である。

文革終了後、放浪の旅へ

顧さんが初来日したのは一九八四年、二四歳のときである。当時の中国は、鄧小平の提唱する改革・開放政策が本格的に始まったころだった。

「文革（プロレタリア文化大革命）が終わったら社会が一変しましたね。それまで毛沢東（一八九三〜一九七六）思想一辺倒だったのが、西欧の文化が流入してきました。大学入試制度が復活し、若者の間では外国に対する興味が沸き起こっていました」

顧さんも一時は大学に進学することを考えたが、断念してラジオで英語を学び、それから通信教育で英語と法律を学んだ。高校を卒業した後はいったん就職するが、その後辞めて中国各地を旅行する計画を立てたところ、父親は勘当を言い渡さんばかりに怒った。それでもその反対を押し切り、約六年間、家を離れて中国国内を転々とし、野菜や魚の行商や中国料理店を経営しながら食い口をしのいだ。

家に戻った後に考えたのは、改革・開放政策でそれまで禁止されていた渡航が自由化されたので、外国に行くことだった。最初は、親族が一足先にアメリカに渡っていたので顧さんもアメリカ行きを考えるが、その親族が在留期限を過ぎても帰国しなかったので移住したかと疑われ、そのために顧さんのビザは下りなかった。そこで、次に考えた渡航先が日本だったのだ。

板前は包丁が命……

日本での生活は、昼間は茨城県筑波市内の日本語学校に通う一方で、東京都内にある居酒屋「駒忠」の赤坂店で皿洗いのアルバイトを始めた。駒忠での勤務時間は、昼一二時から翌朝の二時までの一二時間勤務で、時給は五〇〇円。夕食は店が用意してくれたが……。

「困ったのはおかずが刺身のときでした。中国では、魚は鍋物に入れるか焼き魚にするかで、生のまま食べるという習慣はないのです。けれど、中国人アルバイトのために特別料理をつくってくれるはずもないのでほかに食べるものもなく、お茶と一緒に飲み込むようにして流し込みました」

日本に来て最初に心が触れ合った相手は、板前長の森さんだった。洗い場で働く顧さんの目を引いたのは、ニンジンでバラの花やダイコンでソーメンのように細い刺身のツマをつくる板前の職人技で、ある日、板前がいないときにその包丁を触っていたら森さんに見つかってその場で殴られた。驚く顧さんに、森さんは言葉では説明できないと考えたらしく、紙に「板前は包丁が命」と書いてわたした。

次の日、出勤すると森さんは、顧さんのために新しい包丁を買ってきてくれていた。顧さんはそれを見たとき、思わず涙が出たという。そして、その日から、八百屋で見切り品の一〇〇円の大根を買ってきては四畳半一間のアパートで刺身のツマづくりの練習を始めた。

「二週間くらいたったころ、森さんの前でツマをつくってみせたら、ただ一言『明日から一二時に出勤してくれ』と言われたのです」

一二時出勤ということは、板前見習に昇格したということを意味する。ツマづくりの努力が認められたわけだが、実は顧さんにとって嬉しかった本当の理由は、店が夕食だけでなく昼食までも出してくれることになったことだ。当時は、毎日食べることが第一の問題だったからだ。森さんはそれ以降も何かにつけて顧さんを気にかけてくれるようになり、休みの日に、静岡県のリゾート地に連れていってくれたりした。

「そのとき、ああ、日本人って素晴らしいなと思いましたね。そして、やっとこれで少しは日本社会に受け入れられたかなという感触が得られました」

勤めて何ヶ月かが過ぎるとひいきにしてくれる客も現れて、店内で酒を飲ませてくれたり、休みの前日に「明日何か予定あるの」と聞いてくれ、別に何の予定もないことが分かると釣りに誘ってくれる人もあった。

「中国からの就学生が少ない時代だったので、客の中には、共産党のスパイだと疑ったり、中国の事情を聞きたがる人がいたりして珍しがられたものです」

ビジネスの世界に入るチャンスをつかんだのは、奇しくもこの駒忠だ。日本語学校を修了したとき、駒忠でのアルバイトを辞めて商売を始めた。たまたま、客の一人で東京・南大塚で鰻の店を開店しようとする人がおり、顧さんが中国にいたときに料理店を営んでいたと分かると、その店の店長を任せると言ってきたのだ。

「近くにはキリスト教会があって、その関係者にただで食べさせてあげたこともありましたが、肝心の売り上げが伸びず、店の家賃の八〇万円が払えずに、とうとう一年でその店をたたむことになったのです」

それに懲りて、今度は毎月決まった収入が得られるサラリーマンに転向しようとした。このときも運よく、駒忠時代のお客の一人で、住友金属の重役が東京・池袋の石材店を紹介してくれた。顧さんがその会社に就職できたのは、石材業界では国内の墓石の原石が枯渇し始めており、採石に関する人件費が高騰していたことなどから安価に手に入る外国産の原石の輸入を検討していたからだ。入社後、顧さんは中国からの原石の仕入れや社員の中国出張に同行して通訳を引き受けた。仕事に慣れてきたころ会社に対して、福建省に知り合いの墓石会社があり、既存の仕入れ先よりも安い値段で仕入れられると提案したが、会社は耳を貸そうとはしなかった。このことで顧さんは、「自分は信頼されていないな」と感じ始めて次第に働く意欲をなくしていったという。

そんな折、埼玉県深谷市にある別の石材店の「K」からリクルートの話がもち上がった。Kの社長とは、会社の休みのときに中国に同伴して墓石の輸入に関する通訳のアルバイトをしたことが切っ掛けとなって知り合った。社長は、毎日のように顧さんのアパートに電話をかけてきては、「うちの会社に来てほしい」と誘った。最初のころは断り続けていたが、半年後、ついに根負けして月給二五万円で転職を決意する。

嫌なことは、人間としてバカにされること

再就職先での仕事は、軽トラックの荷台に墓石を積んで、全国の小売店を回って新規開拓の顧客を獲得することだった。

「石屋（石材店）とはどういうものか、どんな所に卸すのか、自分自身で経験しないと分からないところがあるので自ら率先して始めたのです。一度出ると、半月くらいは会社に戻らなかったね」

回り方は、まずおおまかなコースをつくっておいて、目的地に着いたら公衆電話に備え付けられている職業別電話帳の石材店や寺のページを広げ、記載されている住所を頼りに道路地図に赤マークをつけては順番に訪問するという方法だ。

「日本語が今ほど上手に喋れなかったので、電話をかけたらその時点で断られると思い、直接訪問する飛び込み営業でした」

それでも各店では、もの（墓石）を見て、その質の良さを認めて納得して買ってくれた人がいた。墓石は顧さん自身が中国から仕入れたもので、製品には自信があった。この営業の旅で客になってくれた人の中には、今も付き合いのある人がいる。四国八十八ヶ所の一つである雲辺寺《うんぺんじ》（第六六番、徳島県三好郡池田町白地七六三の二）もその一つで、同寺の境内にズラリと並んだ等身大の五百羅漢（釈迦の弟子五〇〇人）の石仏は石の興産の自慢の作品だ。

営業用の軽トラックは、Kの社長が八万円で買ってきてくれた中古車で、走行距離は一日約五〇〇～六〇〇〇キロ、夜はホテル代を節約するために車の中で寝止まりすることが多かった。そんなある日、寝不足が続いて交通事故を起こし、車は破損、かろうじて命をとりとめたものの、それ以降現在まで腰痛の後遺症に悩まされている。

「それに懲りて、別の中古車を買ってあげようという社長の申し出を断って、自腹を切って二五万円のもう少し上等な中古車を購入しました。そして、どこにいてもいつでも連絡がとれるように、一台二〇万円以上もした携帯電話も買いました」と、首にかけている携帯電話を指さす。一九九〇年代初めは、携帯電話も今ほど普及していなかったので値段も高く、一台当たりの単価は今の数倍もした。

顧さんがこの会社と決別するのは入社して三年目の一九九四年、冬のボーナスの時期だ。社長から五万円が入ったボーナス袋を手渡されたとき、それまで張り詰めていた糸が切れた。

「五万円という金額で切れたんじゃない。ボーナスを渡した社長の態度に『中国人には五万円もやれば十分で、おまえらにとっては何ヶ月分ものボーナスだろう』、というところがありありと感じられたからです。そのとき、この人の腹が読めた、と思いましたね。私が何よりも嫌なのは、人間としてバカにされることなのです」

ちなみに、顧さんは仕入れから営業、チラシづくりまで担当し、営業先へのみやげや高速道路の料金は自腹を切って払っていた。一方、会社は、社員を二人から六人に増員するなど業績は順調に伸びてきていたという。五万円という額に対しても、内心は疑問をもっていたのではないだろうか。

墓石のメンテナンスは石材店の役割

創業以来、ATOの経営は順調に進展しており、現在は墓石加工・販売のほかに自然石を利用した壁材、門柱、石風呂などの建築材や、小動物のモニュメント、オブジェなどの装飾品も手掛けている。従業員は、日本本社だけで日本人、中国人合わせて二五人が働いている。

「墓石販売はなじみ客からの注文と、新聞チラシで展示会を開催してお客を集めるという二つの方法でまかなっており、以前のような小売店回りをして新規開拓するというようなことはやらなくても採算がとれるまでになっています」と、自信のほどを覗かせる。

展示場の中には、畳を敷いた和室風の商談用ブースが数ヶ所つくられていて、各ブースには四人ぐらいが座ることのできるスペースが用意されている。展示場の定休日は毎週火曜日だが、広告業者との打ち合わせや得意先との応対に費やされることが多く、顧さんは年中無休で働いている。胸に下がった携帯電話には、従業員からの仕事の報告や指示を仰ぐための電話が頻繁に入る。

年商は約一億五〇〇〇万円で、「薄利多売」の手堅い商売を続けている。物が売れない不景気の時代に商売がうまくいっている理由として、次のように話している。

「日本経済が悪い悪いと言うが、経済には波があるんだから、それを言っても仕方がない。それぞれの状況の中で学ぶということが大切だと思うんですよ。石材店の仕事にしても、新しい発想で活性化しようとするのはいいけれど、商売の基本を忘れたらもっと不景気になるのではないかと思います。逆に、その基本を守っておれば、少しずつでも業績は伸びてくると思います」

顧さんがいう基本とは人と人との信頼関係だ。物を売ったら売りっ放しというのではなく、一〇年後、二〇年後には売った墓石がどうなっているか、たとえば墓石が傾いたり、ヒビが入ったり、カラスが巣をつくるなど、年月がたつと起こりうる状況にどう対処するかということが、客との信頼関係を強めていくヒントになるという。

「墓石は、一生の間に一度かせいぜい二度買うくらいのものですから、とくに小売は、売ったら『ハイ、さようなら』でフォローする必要はない、というのが業界の考え方です。それよりも新規をドンドン開拓していこうとしているのですが、人間と人間との関係が冷たくなったらビジネスなんてできないですよ。そうなると、客はどんどん離れる一方です」

そこで、お寺や霊園に立てられた墓石を誰がメンテナンスをするかという問題になるのだが、今のところは明確な規定は設けられていない。

「おじいさんやおばあさんが亡くなったときや戒名を彫るときに、お客の方から言われれば行くというのが今のサービスなんですけれど、常時のメンテナンスが必要だと思うのです。では、誰がするのか。お寺がする、というのも一理あるのですが、そこまで手が回らないのが実状です。

次には、墓石を売った会社の経営者がその責任を問われることになります。たぶん、お客の方からはそれを言ってこないだろうけど」

お客になってくれた人は縁があったからだ。それに引き換え、毎朝、何百人という人と同じ通勤電車に乗り合わせていても言葉を交わすことはない。たまにカバンがぶつかったりすると「ごめんなさい」と謝るが、それだけで終わってしまう。「それは縁がないからだ」と言う。だからこそ、その縁を大切にしていきたい、と顧さんは考えている。

ITを活用したサービス

そんな顧さんが考案した新サービスが、全国津々浦々に約二、三〇〇〇のフランチャイズ店をつくって墓石のメンテナンスや清掃を行うもので、サービスの中には、墓の周りの草とり、お花を添えるといったものも含まれている。

「フランチャイズ店をつくるのは、お墓のある場所から遠く離れた場所に住んでいる人に対してもネットワークで対応できるからです」

メンテナンス後の墓は、写真に撮って携帯電話からメールで客の携帯電話やパソコンに送る。

携帯電話やパソコンを媒介にして、インターネットの普及率が高まっている状況を考えてのアイデアだ。

「海外に出張していても日本のお墓が見られるんですね。インターネットで地球は一つですからね。アンケートを出したら、一〇〇人のうち九九人までの人がそんなサービスがあれば利用したい、と言っているんです。みんな、不況で仕事がない、仕事がないと言っているけれど、人の悩みを自分の悩みとして考えて、それを今のＩＴという技術とうまく組み合わせれば新しいビジネスのアイデアはいくらでも生まれてくるのです」

サービスを開始したときに、実際の労働力として考えているのは家庭の主婦だ。

「子どもを学校に送り出したら、時間的に余裕があるのが主婦です。パートタイマーで雇って、マニュアルに沿ってやってもらえればいいんです。慣れてくれれば一基につき三〇分くらいでできる仕事ですが、時給は一五〇〇円は払える」

サービスは、彼岸のときや命日だけではなく、一年中受け付けをし、費用は花代を含めて三〇〇〇円くらいを考えている。

「いつ行ってもお墓がきれい、というのが私たちの願いだからです。顧客と私たち、ＩＴ時代になっても人間と人間との関係は変わらないと思います」

土との触れあい

顧さんは一二、三歳の少年時代に、文革中の「下放」（文革中に、幹部や都市に住む青年などが農村に入り、実際に労働に従事した）で農村に行ったお兄さんについて農家の手伝いをしたことがある。場所は上海市から日帰りで行ける崇明《すうめい》という島で、現在では上海市民の行楽地にもなっている所である。

文革時代のスローガンは「学工農軍（工業、農業、軍を学べ）」で、身体に障害のある人など特別の事情を除いて農村や工場で労働しなければならなかった。顧さんはその年齢には達していなかったが、夏休みなど長期休みのときには泊まり込みでお兄さんの食事づくり、鶏、豚、山羊など家畜の餌やり、家畜小屋の掃除や草取りなどを経験した。朝四時に起きて夜六時まで働くという厳しいものであったが、「そのときの経験は私の人生の大切な一幕ですよ」と言っているように、大きな影響を受けた。

「このとき学んだことは、動物や鶏を育てる楽しさや生きものの生命の尊さ、そして自然との触れ合いでした。豚が病気になったらどう手当してやればいいのか、山羊が痩せてきたらどんな栄養を与えればいいかなど、家畜の世話を通じて飼育方法を体得し、鶏や家畜と接して観察する中から、人間として基本的に守らなければならないものは何かということを理解するようになりました」

その中でも基本中の基本と考えているのが親子の関係で、最近、新聞を賑わせている児童虐待などは言語道断だという。

「鶏だって、飼い主以外の人間が卵を取ろうとすると嘴で突っついて卵を守ろうとするし、親鶏がどこかに行くときは必ず雛を連れて走りだすんですよ」

そして、もう一つ重要なことを学んだ。それは、人が健全な心を保つためには「土」のある環境が大切だということだ。

「保育園を覗いてごらんなさい。必ず、砂場があるでしょう。子どもたちは服を泥だらけにしながら成長していくのです。土は、子どもの成長過程にとって必要なのです」

土が身近にある生活は大人にとっても不可欠で、それは人間らしさを保ち、精神を安定させるという。利便性を求めて都会でのマンション暮らしを好む人たちが増えていることは顧さんに言わせれば黄色信号だ。これを実際に分かってもらうために、顧さんは社員の人たちに畑仕事をしてもらっている。畑はATOの本社からすぐ、山がすぐ背後に迫って見える小高い所にある。社員たちは、一日の仕事が終わると畑に駆けつけて、美しい夕日が沈むまでの時間をキャベツ、トマト、キュウリ、ナスなどの野菜づくりに精を出す。

「これは仕事の一つではなく、任意でやってもらっているのですが、全員が喜んで参加しています。畑で採れた野菜を自家消費して、自給自足の生活を楽しんでいますよ」

日本人起業家から学んだこと

ところで、顧さんの趣味はというと読書で、とくに愛読しているのは、明治生まれの日本人起業家の本である。とくに、本田技研最高顧問の本田宗一郎や、松下電器産業創始者の松下幸之助など、トップ企業家について書かれた本には鉛筆の跡が何本も入っている。顧さんは、本田や松下の生き方のどのようなところに惹かれたのだろうか。

本社前の屋外展示場

この二人には共通点がある。それは、尋常小学校を中退、または高等小学校（現在の中学校に相当する）を卒業したばかりで丁稚奉公として働き始め、誰から教わるのでもなく、現場の中で自ら技術を習得して、次第に周囲から認められるようになっていったことだ。

本田家の元執事の原田一男さんが書いた『本田宗一郎の教え』によると、本田は最高顧問になってからも関連会社に出向くと必ず工場に顔を出して、直接技術者に向かって「ここは、こうしたらどうか」など、地べたにチョークで書いて指示したり、社長退任後の挨拶回りで全国を訪問したときには、九州の直営工場で働く油でまみれた若者の手を握り「これがいいんだ」と油で汚れた自分の手をいとおしそうに眺めたなど、現場の人間を大切にしていたことが分かる。

石材業界に入って以来、営業の現場の中で業界の体質、業界の人間との付き合いを会得してきた顧さんにとって、本田や松下の現場重視の考え方には共鳴するところが多いようである。

「本で知識や情報を得ても、それがそのまま現場で通じるかといえばそれは保証できませんよね。たとえば、建築現場では高い所で仕事をするときには足場を組みますが、ふだん現場で働いていない人はたちまち足が震えてしまいますよね。逆に、人から話を聞いて自分にはとてもできないと思われるようなことでも、行って自分の目で確かめてみれば『何だ、こんな簡単なことだったのか』と思うようなこともあるでしょう」

彼らに惹かれるもう一つの理由は、両名とも地方出身者であるということだ。松下は和歌山市の農家、本田は静岡県天竜市に生まれ、自然の中で幼・少年時代を過ごしている点でも共通している。

「田舎出身者は山や海を見て新鮮な空気を吸って生きていますが、都会の人は排気ガスを吸っている。まず、朝起きたときの精神状態が違ってくるのです。そして、これが蓄積されると、人間の発想も変わってくるのですね。地方で生きた人間は、環境に育てられているのです」

環境が人に及ぼす影響力は大きい。土の匂いのする自然の中で育まれた人間は、知識や情報の面では都会育ちの人間に負けるかもしれないが、その発想力やスケールの大きさでは都会育ちをしのいでいると言うのである。文革のときに農村で体験したことにも通じるようである。

商売の基本は信頼関係

日本の産業の中でも伝統を重んずるとされる石材業界で、中国人の顧さんが商売できるのにはどんな秘訣があるのだろうか。

顧さんは、「商売、とくに物を売るということは人と人とのコミュニケーションですから、流暢に言葉があやつれるだけではだめなのです」と話し、石材業界で通常「ひきや」と呼んでいる、車に墓石を積んで行商する店舗をもたない業者のことを例に挙げて説明する。
「うちには、毎朝、墓石を買いに来るひきやさんがいるのですが、話を聞いてみると、店がないだけに相手の信用を得るために人一倍の努力をしています。まず、客と心の交流をして相手をよい気分にさせてから物を売る。彼らのほとんどは群馬県出身者ですが、大阪商人に負けないですよ。石を車に積んだら必ず売って帰ってくるのです」と、営業では自信のある顧さんでも感心している。

この話を聞いて思い出すのは、筆者が子どものころ、一年に一、二度行商に来ていた「富山の薬売り」のことだ。背中に薬の入った紺色の大きな風呂敷包みを背負い、北国の人らしく口数が少ない人だったが、応対に出た祖母に「奥さん、お久しぶりですね」と言い、孫の私たちに紙風船をくれたりした。祖母はその薬売りとの会話を結構楽しんでいたようで、薬売りが腰をあげるころ、祖母の手には必ず二、三品の薬の包みが握られていたものだ。

「物を売るということは人間と人間との基本的関係が分かっていないとできないことで、それは相手を人間として尊敬すること、礼儀を忘れないことだと思います。私は人間の基本的関係が分かっているから、物を売る商売だったらほかの業界でもやっていく自信がありますよ。もし、今朝、このコップ売ってきてくださいと言われたら、夕方には売って帰ってきますよ」

物を売ることができる人というのは、実は世界に通用する人、どこの国でも生活ができる人、顧さんを見ているとそんな気がしてくる。

人生の醍醐味は世界の人との会話

このことに関連して、顧さんのグローバル感覚をもの語る話がある。

顧さんが外国に行くと必ず訪れるのが市場であるが、それはその国の食生活や文化、そして人が如実に分かるからだという。そして、市場を訪れる最大の楽しみは、売り手の「おばさん」と交渉して野菜や果物を値切って買うことだ。顧さんは、外国で買い物をするときは必ず値切る。専門店やデパートなど、観光客が絶対値切れないと思われるような所でもトライする。この「買い物上手」は、華僑経営者の仲間内では有名になっている。数年前、オーストラリアで開催された「世界華商大会」のときには自由時間に参加者たちと町の宝石店に出掛け、オーストラリア人の店員と英語（？）で楽しくお喋りしながら交渉し、店員も同行した人のどちらも大笑いさせながら、ついにディスカウントに成功したという。

「値切るのは、金が惜しいからじゃないんです。知らない土地の人との会話を楽しみたいから。世界の人たちとコミュニケーションするというのは、まさに人生の醍醐味ですよ」

ところで、顧さんが今一番したいことは、一年間くらい会社を人に任せて世界中を旅することだ。外国に行ったらホテルには泊まらず、旅先で知り合った人たちと親しくなってホームステイをさせてもらいたいということだ。

「お決まりのサービスのホテルには泊まりたくないね。初めて出会った人に、『何でも手伝うから、一週間くらい泊めてくれませんか』と頼んでみようと思っている。もちろん、娘（六歳）が海外に行けるような年になってもホテルには泊まらせない。その代わり、自分が先に世界を回って娘のために泊めてくれるような友人をたくさんつくっておきたいのです」

人生はサーフィンのようなもの

一八年前に一介の日本語学校の私費留学生として来日して石材店を創業したがゆえに、日ごろから口にするのは「ゼロから出発したんだから」である。

「何にもないところから出発したんだから、何か始めれば必ず何か出てくるという自信がありますよ。人生はサーフィンと同じで波がないと面白くない。安定した人生なんて面白くないです。まだ、若い元気な間に再出発したいね」

石材店経営が不調というわけではなく、前述したようにフランチャイズ店を募集して墓石のメンテナンス・サービスを考えるなど波に乗っているが、その一方で新しいことにチャレンジしようとする精神は健在だ。

これまでひそかに温めてきたプロジェクトは日本の中小企業経営者との意見、情報交換会で、仕事の経験の中から華僑ビジネスのやり方を披露したいという。

「日本の中小企業は、すばらしい技術、ノウハウをもっているし、経営者も尊敬できる人が多い。日本は不況、不況だと言っているが、角度を変えてみれば、中小企業が生かされる道がまだまだある」と明言する。

本業の石材業については、「これまで現場を踏んで自分の足で一歩、一歩確かめながら生きてきたんです。だから、アイデアだけで大きくなったベンチャー企業とは精神的に鍛えられ方が違うんです。どんな事態が起きても対応できる応用力がありますよ」と、自信たっぷりな口調で語った。

（取材日：二〇〇二年五月、二〇〇三年一月に加筆修正した）

6 大物華僑

孫《そん》　忠利《ただとし》

日本の大物華僑の一人といわれる孫忠利さん

大物華僑の面影はなく

東京都港区赤坂は、アメリカ大使館、ドイツ銀行など外国政府の出先機関や外資系企業の日本オフィスが集まる一帯である。大使館所有であることを表す青色プレートの車がそこかしこに停車していたり、アタッシュケースを抱えた欧米のビジネスマンが行き交うなど、国際都市・東京ならではの光景が繰り広げられている所だ。かつて、アメリカの経済誌「フォーブス」で世界の大物華僑の一人として紹介された孫忠利さんが住むマンションはこの赤坂にある。

マンションのロビーに入るとすぐに、「こんにちは」と正面の管理人室から声がかかった。初老の男性でにこやかそうにしているが、この仕事に長年かかわってきた人のようで細い目が光る。ロビーに設置されたインターホンで孫さんの部屋番号を押して、今、着いたことを告げると、隣のエレベーター室の間の自動ドアが開いた。管理人に軽く会釈すると、彼は笑顔を見せた。

エレベーターを降りると廊下は静まり返り、薄暗い。ワンフロアーに三、四戸入っているようだが、照明が落としてあるので部屋番号が読みにくい。間違った部屋に来てしまったようだ。そのとき、別の方向からドアが開いたような気配がして振り返ると孫さんだった。

孫さんに会うのはこれが二度目になる。前回会ったのは、JR目黒駅近くの同氏が所有していた「目黒ステーションホテル」だった。約束の時間に行くと、ロビー横のコーヒーショップで社員の人と待っていてくれていた。孫さんはブレーザーとズボン姿で、取材中は終始穏やかな態度で、冷たくなったコーヒーを熱いものと取り替えるようにウェイトレスに頼んでくれるなどの気配りも示してくれた。一年後の二〇〇二年八月末、再取材のアポイントをとるために電話をかけると、「今度は、私の自宅に来てもらおうかな」と言われた。自宅に呼ぶということは、「私はあなたを警戒していませんよ」ということだし、飾らない素顔の孫さんを取材することができると内心喜んだ。

部屋に入ると家族は不在で、孫さん一人きりだった。玄関には、幼児用のサンダルと乗り物が置かれている。半袖のスポーツシャツに半ズボンという普段着で、半ズボンからは日本人ばなれした骨格の贅肉のない素足がのぞいていた。かなりリラックスしているように見え、大物華僑の面影はどこにもなく、品のよいご隠居といった風情だった。

室内は5LDKか4LDKくらい。広々としたリビングルームの大きな窓からは六本木、赤坂の街並みを一望にすることができる。壁側の棚には、孫さんの孫《まご》だと思われる二、三歳から一〇歳くらいまでの子どもの写真の入った写真立てがズラリと並べられていた。九月に入ったというのに、日中は三〇度を超す真夏日が続いている。孫さんは、隣の台所からキャロット（にんじん）ジュースを出してきてコップに注いでくれた。

父からの贈り物は教育

父親は上海市の南、東シナ海に面した中国浙江省寧波《ネーハー》の貧しい家に生まれ、一九二〇年代、二〇歳のときに祖国に別れを告げて来日し、東京の麻布区（現在の港区麻布、一九四七年、赤坂、芝の二区と合併して港区の一部となる）に住み洋服屋を営んだ。

「日本がまだ和装が中心の時代で、洋服は高価で、着られるのは上流社会の人とかぎられていました。麻布区は、外国公館や銀行の支店長クラスの家が集まる高級住宅街でした」

麻布区に住む中国人はほかにもいたが、点々と離れて住み、横浜のチャイナタウンのような集落はできなかったという。

父親は若いときに家を出て、上海市の洋服屋に住み込み縫製の技術を身に着けた。

「異国で、言葉が分からなくても技術があれば生活できるわけです。生活の知恵というか、いわば生活の原点なんですね。当時、三把刀《さんばとう》は今のＩＴにも匹敵するものだったのです。その中でも縫製業は、お客の体の寸法を測ったり、仮縫いをするときには地位の高い人とでも二人きりになれるチャンスがあるので、三つの職業の中でも一番格が高いと言われていました」

すでに述べたように、三把刀とは、洋服屋の裁ち物ばさみ、料理人の包丁、理髪師の剃刀のことをいい、日本の華僑の定番の職業だといわれてきた。そのうちの一つを習得している父親から授かった一番の贈り物は教育だ。

「父親は自分が教育がないので、つくづくハンディキャップを背負っているということが分かったんでしょうね。それで、子どもには自分が味わったような苦労をさせたくないと考えていたようです。とくに、中国では男の子を大事にする伝統があるので、姉や妹よりも私の教育には熱心でした。家庭教師をつけてくれたり、戦中、戦争直後は、これからは英語を習った方がいいと、疎開先の軽井沢で外国人子弟が多い学校に通わせてくれました」

商売が順調に行き始めたころ、突然、その父親が病死する。あとには、母親と九人の子どもが残された。当時、孫さんは一四歳、一番下の弟はわずか二歳、孫さんは上から二番目の長男で、家族の生活の面倒を見なければならない立場に立たされた。

「今から思えばそれが逆によかったのではないか、と思います。もし、うちの親父が生きていたら、私は当然のように二代目の洋服職人になっていたかもしれない。けれど、早く亡くなったお陰で、そういう古い習慣に縛られないで自由に生きられた。それが成功の秘訣だったと思いますね」

得意の英語で米軍将校と交渉

「しかし、少年時代は両親がある中国人の家庭に比べて貧しかったです。だから、何とかして商売をやって儲けてやろうと思ったんです」と、孫さんは言う。

そんなとき、朝鮮戦争が勃発（一九五〇年）して、進駐軍は横須賀、立川、座間などに拠点を設け、それぞれの基地では、日本人が米軍を相手にして商売を行っていた。

「それを見て、なぜ、日本人が外国の軍事基地の中に入って商売ができるのか不思議に思っていました」

そのうち、孫さんは自分も米軍とビジネスができないものかとチャンスを探した。というのは、当時、米軍相手の仕事は「海に札束が浮く」といわれるくらい儲けが大きかったからだ。

「あるとき、中国人の友人が、避暑地に向かう米軍の高級将校たちを乗せた軍艦が横須賀港に停泊している、と教えてくれたので、飛ぶようにして駆けつけました。そして、担当将校に英語で『商売をやらせてほしい』と頼んだら、意外にも簡単にやらせてくれるというのです。これが突破口になったわけです」

父親が習わせてくれた英語が孫さんを助けた。

「最初の仕事は『洗濯引き受け人』で、洗濯ものを引き受けて町の洗濯屋に持ち込んで洗ってもらってそれを艦隊に届けるという仕事で、私の取り分は四割、洗濯屋は六割という約束でした」

それに味を占めてその次も米軍相手の仕事で、アメリカの商船で働いていた義兄に金を借りて、横須賀にアメリカ兵向きの洋服屋を開いた。

当時の日米の経済格差は大きく、日本の大卒の給料が一万三八〇〇円の時代に、米兵は一番ランク下の兵士でさえも五〇〇ドル（約一八万円）もらっていた。アメリカでオーダーメイドで服をつくると一〇〇ドルもするのに、日本で服をつくるとわずか一万円でできるというので、続々と注文が来て店は大繁盛した。しかし、朝鮮戦争終了（一九五三年）後は客足も遠のき、店を閉めることになる。「若さゆえの贅沢をしたので儲けのほとんどはなくなっていた」と、孫さんは言う。それで、一九六〇年代初めの二二、二三歳のころは、赤坂の「サンノーホテル」（米軍が経営する宿泊施設）で友人が経営する洋服屋の従業員として働くことになったが、そこでもチャンスに恵まれる。一九六〇年にベトナム戦争が勃発すると、出兵したアメリカ兵が休暇で日本を訪れるようになったからだ。孫さんは、リビングルームの窓を指差して説明する。

「あそこでアメリカ人のお客さんから、アメリカ兵は週に何百人も日本に来ることを教えてもらったんです。で、僕は、銀座に設けられていたアメリカ兵を日本に案内する旅行代理店のような『ユナイティド・サービス・オーガニゼーション（ＵＳＯ）』の支配人に頼んで、その中に売店を出させて欲しいと頼んだのです」

孫さんは、一九六六年に「有限会社スンーズエンタープライズ」を設立して、本格的に家庭電気製品やカメラなどを販売するようになった。

「アメリカ兵は、ベトナムに駐留すると給料は二倍なんですね。しかも、給料を使う場所がないわけだから、一万ドル、二万ドルと貯まっているわけなんです。そこで、カメラ二台、アカイのテープレコーダー、ホンダのバイク何台というふうに買っていきました」

販売アイテムを増やすために新しいアイデアを捻出し、これがまた成功した。

「あるとき気がついたのですが、冬場に来る兵隊は冬服がないので震えているのです。一週間の滞在では冬服をあつらえることもできないし、既製服はサイズが合わないのですね。そこで、以前横須賀で洋服屋を営んでいた経験から貸衣装というアイデアが浮かんだのです。横須賀の質屋に行って、朝鮮戦争のときに駐留していた米軍の質流れになったLLサイズの服を五〇着、一〇〇着と買ってきたわけです。スーツ上下を五〇〇〇円で仕入れてきて、一週間五〇〇〇円で貸すわけです。返ってきたらそれを洗濯に出して、また五〇〇〇円で貸すというふうにしたらこれが儲かりましてね……」

二〇世紀の産業は不動産業

しかし、一九七五年のベトナム戦争の終結以降はアメリカ兵の客足が遠いたため米軍相手の商売からは撤退し、それまでに蓄えた資金を元手にして不動産業に転向する。最初は友人の不動産業者にこの商売がいかに収益の大きい仕事かとその魅力を教えられ、その不動者業者にすすめられて六本木の土地を購入するなど、ゆっくりと不動産業界に足を踏み入れていった。そして、日本でも例のなかった「ソシアル・ビル」を六本木に建てたときは大きな話題となった。

「それまでは、オフィスはビルの地上階で、スナックやクラブなどは地下というのが常識でしたが、それを覆して、そういう店が各階に入っているようなビルを建てたのです」

日本でうまくいき始めると、次は海外進出を考えるようになった。

「日本は一九八〇年代の金融緩和で、不動産投資ブームの芽が出始めていたころです。これを見て、一〇〇年に一度のチャンスだと思いましたね」

土地の値段が高騰し始めたため、所有していた土地や建物を担保にして銀行から融資を受けることができたからだ。最初の海外物件は、アメリカのカリフォルニア・サンフランマティオに購入したアパートで、仲介したのは台湾出身のアメリカ人だった。香港に初めて投資したのは、イギリスのサッチャー首相と鄧小平中国共産党中央顧問委員会主任（当時）のトップ会談で、香港が中国に返還されることが決まった直後の一九八五年のことだ。

「香港の人の間には、共産主義が導入されるとどうなるかという不安が広がっていた。そこで、逆にこれはチャンスだと思って、不動産を買い取ることにしたのです」

そんなとき、「香港の大手不動産屋で、リチャード・エリス社のデヴィッド・ランチマンというブローカーが香港に大きなプロジェクトがあるからと売り込みに来たので見に行ったら、売り出したのはタイガー・バーム（薬品）の創業者の娘のサリー・コーだ」ということが分かった。その開発案件は、土地面積が二〇〇〇坪、建物面積四〇〇〇坪で、五星ホテルのラマダ・ルネッサンスやデパートおよびオフィスが入居予定の複合施設の開発で、それを三〇〇億円で購入することにした。ビルの名前は、自分の名前をとって「香港サンプラザ（孫の広場の意）」と名付けた。

購入のポイントはロケーション

「不動産業に転業したときは、これほど大きくなるとは考えていなかったのです。海外進出も、行き当たりばったりでした。バブル経済で、資金調達が可能になったからできたのです。不動産業には何十億円の資金が必要なので、これを見つけることが先決なのです」

香港サンプラザを購入したときは二五〇億円の融資が必要だったが、所有していた国内の土地が二倍に跳ね上がったのを利用して、ビルを建設する日本の大手ゼネコンに買い戻し付き条件でその土地を売り、担保保証をしてもらって銀行から融資を受けることができた。不動産を選ぶときのポイントは、国内でも海外でも変わらないという。

「第一のポイントはロケーションです。一等地はどこでも一等地なんですよ。そして、不動産というものは一つしかない、ということです。」

ロケーションを見定めたら、購入するかしないかは二、三日で決めた。

「この物件を買うと決めたら、ではお金をどう調達しようかと考えるわけですが、たいてい寝る前に考えるのです。明日、銀行へ行ってこのプロジェクトを支店長さんにどう説明したら理解してもらえるか、私の気持ちをどう伝えて納得させるか、そのカンバセーションを考えるのです。そのうち、自然に寝ついてしまうのです。それ以上は考えない。いろいろ考えすぎると恐くなって何もできませんからね」

これまで、人には相談したことは一度もないという。相談したら、「良い」と言う人と「悪い」と言う人が出てきて自分が迷うからというのが理由である。

中国ビジネスで有利な華僑

海外投資の成功の陰には、中国人のネットワークに助けられたということもある。
「香港や中国で競争したら支援してくれる人がいるということで、日本人より私の方が有利だと言えます。私たちは香港だ、シンガポールだ、と言っているけれど、ただそれだけの違いで、もともとは中国人だ。でも、同じ中国人でも出身地が違うと信用してもらえなかったり、そのネットワークに入っていかれなかったり、そういう出身地別のネットワークは今も残っています。同じ言葉（方言）を使う人が仲間なのです」

出身地別のネットワークは「地縁」と呼ばれ、「血縁」（家族、親族）、「業縁」（同業者）とともに華僑の三大ネットワークだと言われている。香港の場合は広東省出身者がもっとも多く、全人口の約六割を占めているが、ほかにも潮州、客家、海南島、浙江省出身者がいる。
「香港の浙江省出身者には、薫建華（香港特別行政区行政長官）さんとか、故Y・K・パオ（香港有数の財閥の一人で、世界の海運王といわれた）さんなどがおり、香港経済の中心的な役割を担っていた」

また、その支援の方法はビジネスの業種や規模によって異なり、小さいプロジェクトの場合は

「無尽」であるという。

無尽とは、何人かが集まって各人が一定額を出資し、入札などの方法で金を使う順番を決める庶民金融の一つで、孫さんの家庭も父親が亡くなった後、友人の中国人が開いてくれた無尽で助けられたことがある。孫さんの母親はこれといった手に職もなく、育ち盛りの九人の子どもを養うだけの生活力がないことは目に見えていた。これを知った一人の中国人が、同郷者に呼びかけて一〇人から一人毎月五万円ずつの合計五〇万円を集めて無尽を開いてくれた。そして、それを運用してできた利息を毎月の生活費として孫さんの母親に渡してくれていたのだ。利息は月五パーセントで二万五〇〇〇円になった。

「これに対して開発業の場合は無尽では足りないので、金融機関がサポーターになりますね。また、都市開発、インフラ整備など公共事業の場合は一度成功したら信用ができるので、次からは自然と金が集まってくるのです」

人脈は仕事のスケール次第

孫さんは中国、香港、東南アジアの政界、財界に豊富な人脈をもつが、これらはビジネスを通じて培ってきたものだ。

「人脈はどのようにつくるかって？　それは、仕事のスケールと内容で決まってくるのです。とくに、開発業というのは何百億を動かす仕事なので人脈ができるのです」

たとえば、中国大陸との人脈は、一九九五年の「上海サンプラザ」の建設がきっかけになって広がった。上海サンプラザの敷地は約一万三〇〇〇平方メートル（約四〇〇〇坪）で、一九八八年、この土地の使用権（五〇年間）の国際入札に参加し、二八〇〇万米ドル（約三四億円）で落札しており、中国が土地の使用権を国際入札にかけたのはこれが初のケースだった。落札した翌年の一九八九年に天安門事件が起こり、各国の企業が投資を控え、メインバンクである邦銀が融資を中止したが、上海市政府が融資してビル建設が進められ完成した。

「そうすると、このプロジェクトをつくったのはどこの誰かということになり、おのずと政治家の往来も増えてきたのです」

孫さんの人脈の広さを物語るエピソードを一つ紹介しよう。

取材が終わって孫宅を辞そうとしたとき、ちょうど一本の電話が鳴った。電話での話が終わり、私を振り返った孫さんはその内容を説明してくれた。それによると、日中国交正常化三〇周年のイベントで中国のＶＩＰが来日することになった。孫さんはどうやらそのＶＩＰと親交があるらしく、イベント終了後に彼女を北海道に案内することに決めたらしい。このときの電話は宿泊先となる北海道のホテルの従業員からで、ゴルフ好きのＶＩＰのために頼んでおいたゴルフコースのスタート案内であった。このようなことが、普通の出来事としてしょっちゅうあるという。

「十数年間も中国とビジネスやっていますけれど、中国で商売するのは難しいですよ。小さいプロジェクトでは成功しませんし、成功するためには人脈も必要です。有名人と知り合いになっていると竣工式のときにテープカットに来てもらえる。それを見た周りの人は、あの人はそんな人と知り合いなのだ、と一目置かれるというわけですよ」

と、中国ビジネスの舞台裏を語った。

日本でのネガティブな評価

ところで、孫さんの国籍はシンガポールである。中国国籍を放棄してシンガポール国籍を取得したのは、社会主義国の中国のパスポートでは出国や入国手続きが面倒だからだ。

「シンガポールには大型プロジェクトの出資をしたこともあって、二年間の永住権を取得した後、資格申請したうえで国籍を取得することができた。シンガポールに国籍申請する前には日本に申請をしたが、取り下げて欲しいと言われました。家族ともども日本国籍を申請したのだけれども、私と妻だけが取り下げてほしいと言われました。なぜそう言われたのか、いまだに分かりません」

なぜ、日本で生まれ育った孫さんが、日本国籍を取得できなかったのだろうか。海外での高い評価とは対照的に、日本では財界人としての孫忠利の名前は一般的には知られていない。それどころか、最近の日本のマスコミが伝えるのはネガティブなイメージだ。発端は、「日本のバブル経済崩壊を予測できなかった」という孫さんの誤算だ。バブル経済の崩壊で、土地、建物の価格が暴落して、融資を受けていた金融機関に返済ができなくなったからだ。大口融資を受けていた旧住専の日本住宅金融と住総の債務が合わせて一七六億円に達した。そして、それを補填するために国内、海外の物件を手放すことになり、国内三〇物件、海外六棟あった物件のうち、一九九四年に「香港サンプラザ」を香港の会社に売却したのをはじめ、国内物件も目黒ステーションホテルをはじめ、中国大使館（港区麻布）の近くにあるロケーションのよい物件を売却している。

一九九八年には旧住専から告発され、二億円の所得隠しをしたとして逮捕された。新聞が伝えたところ、港区麻布にあるビルの賃料について差し押さえ逃れを計画し、これらのビルを関連のペーパーカンパニーに転貸したように装い、テナントの賃料振込先を「スンーズコーポレーション東京リミテッド」（一九九五年に商号を変更）からペーパーカンパニーの口座に変更し、テナント七社から総額二億円の賃料を隠し、債権回収を妨げた。さらに、オウム真理教の麻原彰晃被告の主任弁護士を勤める安田好弘弁護士が一九九一年ごろからスンーズコーポレーションの顧問弁護士に就任しており、賃料の隠匿を指南した(産経新聞一九九八年一二月七日付けより)。しかし、孫さんの弁護士によると、「その後、スンーズコーポレーションの会計係を中心とした四人の幹部社員によってそのお金が横領されていたことが判明した」ということだ。

育くんでくれた日本に恩返しをしたい

しかし、孫さんは「私は中国人だけれど大陸で生まれ育った人とは違う。心の中は七〇パーセントは日本人で、三〇パーセントは中国人。死んだら、中国、シンガポールの国とともに日本にも墓をつくってもらいたい」と話しており、日本に対する思いはなおも大きいようだ。とくに、中国の国や人々を理解するうえで、両国の社会事情に詳しく文化を理解できる華僑の役割は重要であると考えている。

「日本の地理的環境を考えると、中国、韓国は隣にあり、これは動かせないものですね。ですから、日本はもっと華僑に対して親密になってほしい。自分たちの仲間だと思ってほしいのです。中国を含めて、アジア各国の橋渡しの役目を担いたいのです。隣国との間に摩擦を生じさせている教科書問題、セーフガード問題（二〇〇一年四月に日本政府が農産品三品目に対し、輸入制限措置を暫定発動したことによって、日中間に貿易摩擦問題が生じた）、靖国神社参拝問題など役人同士で議論するのではなくて、華僑の意見も取り入れて民間レベルで外交を進めていってほしいね」

さらに、孫さんは中国や東南アジアの政界、財界に知り合いも多いところから、「日本の企業や団体が中国に進出するときには助言してあげたいと思っています。僕は、日本で育てられたという自負があるから、恩返しをしたいのです。二一世紀前半、中国大陸はもっとも経済発展を遂げる国だと確信しています。中国とどのように付き合うかが、今後の日本の発展につながると思うのです」と、力を込めて話す。

余生の楽しみ

六八歳を迎えた今、仕事は長男に任せて、自らは第一線から退いて助言を与えるような立場に回っているというが、余生の仕事としてぜひやりたいのが故郷の寧波での都市開発の仕事だ。

「中国にはやり残した仕事があります。中国は、まだまだ私の力を必要としています。最近も韓国の業者が私に中国投資のコンサルタントをしてほしいと言ってきたので、アジアのためにもう一肌脱ぎたいと話したところです。仕事をやるのなら中国大陸ですね。私は、発展途上の中にあると、自分のアイデアが出せるたちなんです」

　何歳になっても、変化し続ける不安定さの中の方が居心地がいいというのは生来の生き方のようだ。

　仕事以外のことでは、是非やっておきたいことが二つあるようだ。一つは孫《まご》の学校教育だ。子どもは二男一女で、長男は日本人と、次男は中国人と、そして長女は韓国人と結婚しており、一一歳を頭に合計八人の孫に恵まれている。孫《まご》たちは、孫さんの方針でシンガポールで教育を受けている。

国際都市シンガポールのチャイナ・タウン

「なぜ、シンガポールかというと、これからは世界で商いをやるには英語を鍛えないといけないからです。そして、その次が北京語です」

シンガポールは、英語、中国語（北京語）、マレー語、タミール語の四ヶ国語を公用語としており、英語は日常生活の中でごく自然に使用されているので、将来のビジネスマンを育てるには絶好の環境にあるといえる。

「自分の子どもたちには教育熱心な親ではなかったんです。働き盛りで生活かかっていて、一生懸命働かなければなりませんでしたから」

それだけに、時間に余裕ができてきた今、ことさらに孫の将来に期待をかける。

「私の夢としては、そのうちの一人を欧州に留学させたいんです。スイスに世界の超一流の財閥の子弟が集まる学校があるので、そこへ入れたいのです。中近東の資産家の息子とか、ハプスブルク家（中欧を中心とする広大な地域に君臨した家門で、ヨーロッパでもっとも由緒ある家柄とされる）の子弟が学んでいます。それは勉強させるためではなくて、人脈づくりのためです。学校を卒業して各々の国に帰ったときでも、一緒に勉強したという絆で固く結ばれているので、たいした努力をしなくてもビジネスができるからです」

「商売は人脈だ」という先ほどの孫さんの言葉を思い出し、この人は加齢しても根っからの商売人なのだと思った。

もう一つは、若くして亡くなった父のためには中国に立派な墓をつくり、父親の遺骨をそこに納めることだ。

「父親は、二〇歳のときに私の祖父、祖母と別れて日本に来たのです。今、父の遺骨は横浜の中華墓地にあるのですが、それを連れて帰りたいのです。そして、立派なお墓をつくってお父さんとお母さんの間に置いて休ませてあげたいのです」

饒舌に話し続けていた孫さんが一瞬、口ごもった。これまでずっと無神論者で通し、神や仏により頼まなかった孫さんだが、新しい墓づくりのために今「風水」に見てもらっているという。

裸一貫で来て、裸一貫で去る

筆者が同氏に最後に会ったのは、二〇〇二年九月二五日、「強制妨害」の審理を傍聴するために東京高等裁判所に出向いたときであった。高裁が入っているビルは官庁が集まる桜田門通りに面しており、法務省の隣で警視庁にも近い。傍聴席には、普段は孫《まご》の世話をするためにシンガポールで暮らしている夫人の姿があった。孫さんを貶めたとされる元社員も後部席にいた。審理では、取材では聞けなかったようなことが分かった。長男が社長交代劇を仕組んだこともその一つだった。

「豊かになると状況がいろいろ変わってくるもんだね。国も、そして家庭もね」

「家庭も」と言い沿えたことの意味が、このとき初めて分かったような気がした。法廷では、孫さんの言葉を代弁した弁護士の答弁が印象に残った。

「孫さんは私（弁護士）に『亡父は、華僑というのはいつまでたっても客なんだ、日本に何年いたって、勝てることはないと言っていました。そして、父は裸一貫で日本に来た、だから私（孫さん）が裸一貫で日本から追い出されるのもやむを得ない』と言いました」

開廷前一五分前に、法廷八〇三号室の前の廊下で法廷に入る孫さんとすれ違った。ダークブルーのスーツを来た孫さんは、やや緊張気味であった。そして、前かがみで顔色がよくなかった。軽く会釈して通り過ぎようとしたら、意外にも孫さんの方から「広田さん」と声をかけてくれた。

「安田先生（弁護士）とセットでやられたみたいです。権力だね」

自宅で会ったときとは違って弱々しい。返す言葉もなく、ただ頭を下げて傍聴人入り口に急いだ。

実は、取材のとき、在日華僑のパワーについて孫さんは次のように話していた。

「来日する中国人は、いずれも『無』から出発した人がほとんどです。中国にいても希望がもてないので、海外に出て一旗あげようとしたのですが、中国人が世界のどこの国でも生きていける原動力は貧しさにあったと思います。そして、彼らは、国や会社に頼らないで、何とかして自力で人生を切り開こうとしたのです」

少年のころに父親を亡したために、無同然から出発し、商売で成功を収めて、一時は「日本の大物華僑の一人」とまで言われた。しかし、孫さんの人生の軌道を狂わせてしまったのが、すでに述べた「バブル経済の崩壊」だった。裁判の開始前に筆者にささやいたように、移民の受け入れに寛容でない日本で、孫さんはバブル期のつけを払わされるスケープゴートにされたようだ。中国をはじめ海外の大物政治家や実業家とも親しい日本の華僑を、単に「被告」という汚名を着せたまま日本社会から葬ろうとしていいのだろうか。

（取材日：二〇〇二年九月）

7

異文化交流

寇《こう》 東東《とうとう》

リラックスしてインタビューに応じる寇東東さん

中国で七六番目の姓

新華社（中国の国営通信社）インターネット版が伝えたところによると、中国科学院が中国人の姓についての調査を行ったところ、中国で現在使われている姓のトップは「李」、第二位は「王」、そして第三位は「張」、続いて「劉、陳、楊、趙、黄、周、呉」がベストテンに入る。

一位の李姓をもつ人は約一億人で、中国人の一四人に一人が「李さん」ということになる。さらに中国の文献の中に認められる姓は少数民族のものを含めて二万以上にもなり、その多くのものは消滅し、現在残っているのは三五〇〇。しかし、その一方で「中国に一〇〇姓があり」と言われているように、三五〇〇のうち実際によく使われるのは一〇〇の姓のようだ。

東京・池袋に事務所を構え、日中間の貿易業を営む寇東東《こうとうとう》さんの「寇」という姓は一〇〇姓のうちの七六番目で、「同じ名前をもった人とはめったに出会わない。だから、たまに寇という人と出会うと妙に親近感を感じてしまい、初めて会ったのに長年の知己のような気がしてくるのです」と話す寇さんの両親は中国北部の出身だ。

「中国の歴史の中で寇という名前をもつもっとも有名な人物は寇準《こうじゅん》です」と、誇らしげに話す。

一〇世紀の北宋時代の政治家で、遼の軍隊が都に攻めてきたとき、皇帝の側近は南遷を提案するが寇準は断固これに反対し、皇帝自ら出陣して戦うことを進言した。戦場では、遼の兵士は皇帝の姿を見て驚き怖れ、結局は両国の間に平和条約が締結された。このことによって寇準の功績は高く評価され、のちのちまでも語り伝えられることになった。京劇のヒーローとしてもしばしば登場し、その名前を知らない中国人はいないといっていいくらいだ。

「ほかにも、老子（道教の開祖）の姓が寇だったという説もあるんですけれど、一般的には知られていませんね。初対面の日本の人には、『元寇の役』（鎌倉時代に中国の元の軍隊が日本を襲撃した事件）の寇です、と説明した方が覚えてもらいやすいかな」

第一印象は近づきにくい……

寇さんが経営する「株式会社中日事業開發公司」は、JR池袋東口から歩いて五分くらいの所にある。池袋は渋谷、原宿などと並ぶ若者の町、オフィスのある周囲は雑居ビルと映画館、エスニック料理店、パブなどが入り交じっている。

会社は、九階建ての白いビルの六階にある。一二坪くらいの所に、事務机、コピー機、給湯設備、そして客用の小さなテーブルがある簡素なオフィスだ。社内には寇さんのほか、三〇代と見られる中国人男女が一人ずつ働いていた。男性社員は、電卓を懸命にたたきながら書類と格闘中であった。女性社員が座っている後ろの壁には中華人民共和国の大きな地図が張られ、入り口から一番遠い所にある社長席の後ろには書の入った額が飾られていた。目をこらして読むと「春風化雨」。意味は、「直訳すれば春の風が雨と化する。春は一年の始まりを意味し、雨は大地を潤うことを意味します。広東省老年書道会の理事が書いて下さったのです」と、寇さんが説明してくれる。なぜ広東省かというと、両親が広東省に移住し、そこで寇さんは生まれているからだ。

寇さんは、身長一八〇センチくらいの長身で骨格ががっちりしている。顔色が浅黒くめったに笑顔を見せない。初対面のときの印象はいか

「春風化雨」の説明をする寇さん

つく、近づきがたい。でも、話してみると意外な面も出てきた。

昨年、取材依頼の手紙を送ったとき、住所が間違っていたので届かなかった。しかし、電話でアポイントをとったとき、寇さんはすぐにインタビューに応じると言ってくれた。そればかりではなく、「今から来てもらってもいいですが……」と言われて狼狽させられた。これまで、電話をかけた当日に約束してくれた経営者はいなかったからである。

今回のインタビューは、会社のビルの三階にあるロビーで行った。応接セットがいくつか配置され、飲み物の自動販売機もある。入り口には眠そうな顔をした年輩の管理人が人の出入りをそれとなく見張っているが、そんなに悪い雰囲気でもない。寇さんは、インタビューが始まる前に自動販売機から冷たい緑茶の缶を二つ買って、一つを手渡してくれた。

中国の大学で日本語を専攻

一九五五年に広東省広州市に生まれ、文化大革命時代に少年時代を過ごした。大学へ入ったのは、文革が終わりに近づいていた一九七三年。

「私は高中（日本の高校に相当し三年制。文革中は二年制だった）の推薦を受けて、特別に広州外国語学院（大学）日本語学科に入学が許可されたのです。文革中でしたので、正規の入学方法ではありませんでしたが、当時の社会は内政回復に向けて秩序が回復され、若い人を育てようという気運が始まっていた時期だったのです」

日本語のほか英語、フランス語、ドイツ語、スペイン語、インドネシア語、タイ語、ベトナム語など九ヶ国語を教える外国語専門大学で、「私が日本語を選んだ理由ですが、日本語は中国語と同じように漢字を使うので、そんなに苦労しなくても勉強できると思ったのです」と、本音を明かす。卒業後は北京の観光ホテルに就職し、本業のかたわら通訳のアルバイトも引き受けた。

「ホテルが開業する前に採用され、準備期間の間はほかの従業員に日本語を教えるのが仕事でした」

初めて日本に来たのは一九八四年で、東京のＹＭＣＡで二年間ホテル経営について学び、ＹＭＣＡホテルで実地研修を受けた。寇さんが二度目に来日するのは中国のホテルを退職した後の一九八九年のことだ。日本の経営システムについて勉強するために東海大学政治経済学部の社会人コースに私費留学生として入学することになるのだが、それには、前夫人が一足早く筑波大学大学院（社会人コース）に在籍していたということもあった。

「彼女は、筑波大学大学院を修了したのちに日本の企業に就職しましたが、日本の会社はキャリアのある外国人女性を受け入れるキャパシティがないと言って、次第に嫌気がさし、新天地を求め一人でアメリカへ発ちました」

残された寇さんは東海大学で勉学を続け、卒業後は広州に戻って貿易の仕事を始めた。

会社設立を支援してくれた日本人

「日本に拠点を置いて、日本と中国の架け橋となるような仕事がしたい」と再び来日し、日中貿易の会社を設立するのは一九九三年のことだ。最初は、個人会社としてスタートした。会社設立に力を貸してくれたのは、日本人の経営コンサルタントの石崎さんだった。出会いは、会社設立の前年の一九九二年で、石崎さんが研修のために湖北省の武漢大学に立ち寄った際に通訳を引き受けたのがきっかけだった。

「一週間ずっと行動をともにし、お互いのことをいろいろと話しているうちに私が日本と関係のある仕事がしたいと言ったら、石崎先生は『では、協力して進めましょう。サポートしましょう』ということになったのです。この言葉を聞いたとき、私も頑張ってみたいという気になりましたね」

石崎さんは、中小企業向けのコンサルタント業を長年営んでおり、その人物像は、「公平に状況判断し、仕事ができる人かどうかすぐに判断できる人。そして、非常に個性が強く情熱的」（寇さん）な人。石崎さんのそれまでの中国とのかかわりといえば、中学時代に中国人のクラスメートがいたという程度で、中国に住んだことも親しい友人がいたわけでもないが、寇さんとは短期間で意気投合して信頼関係を結んだ。

「日本で商売を始めた当初は波瀾続きで、中国に帰ろうと真剣に考えたこともありましたが、石崎先生がメーカーを紹介したり、積極的に会社をピーアールしてくださったので、日本で商売を続けることができたのです。指南役というか、こういう人がいないと外国人は日本では商売できないものです。もし、先生がいなかったら今日の私はなかったでしょう」

株式会社を設立してからは、石崎さんは顧問に就任した。「ええ、今も頻繁にお会いしていますよ。最近も一緒に上海に行ってきました」という言葉から、公私ともに石崎さんに対して尊敬と感謝の気持ちの深さがうかがえる。

パソコン用電子部品を輸出

現在の中日事業開發公司の貿易品目は、まず輸出品がパソコン用の電子部品、輸入品はパソコン部品、火薬品の原材料、化学肥料に使われている粘着材だ。輸出品について「創業当時はテレビ、ビデオカメラなど家電製品の電子部品を輸出していたが、中国のＩＴ市場の拡大にともない、パソコン部品が中心になりました」と、寇さんは説明する。輸出されたパソコン部品は中国の商社を介して、パソコンメーカー最大手の聯想《レジェンド》をはじめ、長城科技、ＴＣＬ国際などに納品されている。

中国のパソコンメーカーの躍進はめざましいが、とくにデスクトップ型パソコンは、国産メーカーを全部あわせると中国市場の五〇パーセント以上のシェアを占める。会社の売り上げは一九九七年、一九九八年は伸び、ピーク時の一九九九年には年商六億円を達成したが、それ以降は伸び悩み、最近では年商二、三億円にとどまっているが、その原因は取引形態が変わってメーカーが直接取引を好むようになったからだと言う。

「うちのような中間業者は厳しくなっていますね。電子部品だけでなく、ほかにも輸出品目も考えないと今後さらに厳しくなっていくみたいです。日本側で、関係者と連携して新しいことにチャレンジしていこうと考えています」

貿易業を営む一方で、中国には理系の名門上海交通大学内に電子部品を使った中国市場向け製品の研究開発を行う「中日メカトロニクス技術センター」を設立し、その運営にあたっている。上海交通大学ロボット研究所と共同で開発にあたっており、常時、数人の職員が勤務している。

日本からは中古のロボットを送って産業用ロボットの研究もしている。「貿易の仕事は食べるための仕事だ」、と言っているように、メカトロニクスセンターでの製品開発には並々ならぬ力を入れており、その中でも長年温めてきた計画がある。

「話したり、動いたりする玩具やロボットの開発をやりたいのです。開発力や技術力のある、アウトソーシングのネットワークをつくってやることを考えています。ただし、こちらでは設計が中心で、製造は、ものづくりに強い日本の製造業者に任せたいと思っています」

その中国市場だが、「一ヶ月に一、二回帰っていますが、帰るたびに驚くほど変化しています」。どうやら、寇さんの計画が実現するのも遠い日のことではなさそうだ。

日本特有の文化とは

企業家として日本で暮らすようになって一三年の歳月が過ぎ、日本社会にも慣れたころかと尋ねてみると、意外な答えが返ってきた。

「いまだに日本ではビジネスがしずらいし、日本社会に溶け込めないというのが正直な感想です」

いったいどういうことかと聞いてみると、「電子部品を仕入れている日本の会社は商売を始めて八年にもなるのにいまだ現金取引しか認めてくれないし、銀行に融資を依頼して渋られたこともありました。日本で何年商売やっても、システムは変わらないのでしょうかね」と、腹の底から込み上げる怒りを抑えるかのような口調で言った。また、日本のマスコミの姿勢も気になっている一つだ。

「日本人が不祥事を起こしてもお詫びしたらそれで済むが、外国人がひとたび犯罪を起こしたらバンバン新聞や雑誌で書きたてますね。それればかりではなく、犯罪を犯した人間と同じ国から来ている人すべてを危険視するような書き方をしているメディアもありますよね」

どうやら寇さんは、日本社会には外国人に対する過剰とも思える警戒心があると見ているようだ。そして、その警戒心の背景にあるのは、共通した日本独特の文化であるととらえている。寇さんの目に映った日本社会、また日本文化とはいったいどういうものなのだろうか。

変革を嫌う安定志向の日本

「日本人は政界を見ても、企業を見ても、一人ひとりの個性が抑えられ、殺されているように感じます。たとえば、会社の中では、上に立っている人が決して変化することを望んでいないため、部下の人が革新的な意見をもっていても、それが評価されないという面があるように思えます」

最近の雪印食品の牛肉偽装事件（二〇〇二年）に代表されるように、問題が起こっても蓋をしてしまう。そのような企業風土が集団主義を生み出し、変化や変革をもたらさない社会をつくってきた。バブル経済期に警告を発していた人がいたにもかかわらず、「まだ、まだ、大丈夫だ」と言って何の対処もせず、それがゆえにバブル経済崩壊後の取り組みも遅れてしまった。日本の金融制度改革も、もっと早く着手すべきだったという声も多い。そのような外部の変化を敏速に察知して行動できないことが、グローバル化時代の日本のアキレス腱になっているのだと寇さんは考えている。

「日本は、中国の通信分野へ参入が遅れましたね。各メーカーの中国の携帯電話市場の参入状況を見ていると、家電市場では他国に先駆けて参入した日本企業が、携帯電話では外国メーカーに大きく水をあけられてしまっているのです」

寇さんが指摘するように、中国ではすでに二〇〇一年一一月に携帯電話加入者数が一億人を突破しており、世界一の携帯電話市場になった。ところが、携帯端末の八〇パーセント以上は外国製品で、ノキア、モトローラ、エリクソンなど欧米のメーカーが上位シェアの争いを繰り広げている。これに対して日本の端末メーカーは、トップの松下電器産業がかろうじて二パーセントのシェアを確保するにとどまっている。

寂しい東京の暮らし

ところで、前夫人と離婚した寇さんは蘇麗娟さん（中国は夫婦別姓）と再婚し、現在、東京都練馬区に家を借りて暮らしている。蘇さんも東京・高田馬場でソフト開発の会社を経営しており（取材時。その後会社を閉鎖し、現在は家事に専念している）、「二人とも、朝、家を出たら夜まで家には帰らない。そんな風だから親しい隣人もいない」と、寂しげに言う。「いまだに日本社会に溶け込めない」という言葉の裏には、日本社会に対する疑問だけでなく、個人レベルでの付き合いがうまくいっていないこともあるようだ。

寇さんに初めて取材したとき、「東京に住んで一〇年以上になるが、友人と呼べる人は一人もいない」と話していた。そして、次のように言葉を続けた。

「日本人の方から友人になろうという人は少ないですね。日本人と料理店に行くときは、たいていビジネスの話や接待が目的ですね。ですから、どうしても堅苦しい雰囲気になってしまうのです」

ビジネスを通じて知り合い、その後、友人関係に発展したということもない。

「もちろん、日本人を家に呼んだことはありません。招待しないのではなくて呼べないのです。だから、日本に長年暮らしていても、居酒屋に行って楽しく飲めるのは中国人の友人にかぎられるのです」

日本人とは心と心の交流ができない、といっても例外はいる。一人は、前述した経営コンサルタントの石崎さん。そしてもう一人は、来日前に中国で知り合った九州出身の酪農家だ。

「東海大学に留学していたとき、大学の休みを利用して九州の彼の実家に遊びに行きました。家に泊めてもらい、家族ぐるみで歓迎してもらいました。一緒に中華料理をつくったりして楽しい一時を過ごしました。今も、手紙などで連絡をとりあっています」と語る寇さんの顔が、めずらしくほころんだ。

日中の男女平等意識の違い

夫人の蘇さんは三〇代半ばで、中背、色白。とくに、積極的に自己主張するタイプではないが、その立ち振る舞いから楚々とした知的な魅力を感じる人も少なくない。来日後、日本語学校で学んだ後にビジネス専門学校に進学してコンピュータを学んだ。卒業後、五年間にわたってソフト開発会社に勤務したのちに起業した。社員三人という小じんまりとした会社で、仕事は顧客の所に出向してソフトの開発をするというもの。蘇さんのように、二、三人の友人に声をかけて日本で会社を起こしている中国人女性は珍しくはない。

「中国の女性には、自分の会社をもちたいという人が多いのです」と寇さんが話すように、人に遣われるのを嫌い、小さくても組織の長になりたいという中国人独特の国民性もあるけれど、日本と中国の男女共同参画に対する認識も違う。

「男女平等意識の高さからいうと、もちろん中国の方が進んでいますよ。農村部ではそうでもないけれど、北京や上海など大都会では女性は強いですよ。中国は、長年にわたって男女平等社会ですからね」

一方、日本では男女共同参画社会のための法律ができ、行政が運動を進めても、実際に企業の中では男性、女性の仕事の区分けがあり、寇さんの前夫人が経験したようにキャリア志向の女性が勤務意欲を損なうことが往々してある。最近では、そんな日本企業に見切りをつけて、自分が本当にやりたかった仕事を求めて海外に職場を求める日本人女性も増えた。

「日本社会では、個性が強い女性は日本の会社では働きにくいようですね」

と言う蘇さんの言葉には、実感がこもっていた。

異文化交流に努力

寇さんをある会のパーティに招待して、みんなと一緒に会食したことがある。会とは、タイ、マレーシアなどアジアでビジネスをしたり勉強したりしている人たちが集まる会で、メンバーの半数以上が日本の中小企業の経営者だ。寇さんはゲストとして迎えられたので、上席の年配の社長たちの間に案内された。最初はいくぶん緊張した面持ちだったが、慣れてくると自分の方から名刺を配って挨拶をしたり、初対面の相手にも話しかけるなどの心配りも見せ始め、取材中とはまったく違った一面を披露してくれた。

取材した在日華僑経営者の中で、日本人とは本当の意味で付き合いがない、日常生活の中で日本社会とは距離感を感じると言った人はいなかった。別の経営者に「日本社会との付き合いはどうですか」と質問したところ、「うまくいっているに決まっているでしょう」と、愚問だといわんばかりにいきなり席を立った人もいた。寇さんは、特別なケースなのだろうか。それとも、正直に自分の気持ちを話してくれたのだろうか。あるいは、ほかの人たちは日本は稼ぐ場所だと割り切って暮らし、日中両国の文化摩擦には目をつぶって生きているのだろうか。

（取材日：二〇〇二年四月）

8 飛躍

曹《そう》　剛《ごう》

今後は中国 IT 市場を担う曹剛さん

京浜工業地帯の中核都市川崎

ＪＲ東海道線の川崎駅を降りると、駅前広場は、無数の不法駐輪の自転車とカップ酒を片手に競馬新聞を広げる人々で占領されていた。駅前からまっすぐに伸びている市役所通りを歩いて一〇分くらいの所に川崎市役所第三庁舎がある。案内板に「川崎市民センター」の文字が見えたので、取材の時間までこの町の歴史やタウン情報などを収集することにした。

川崎市は、北は多摩川をはさんで東京都に、南は横浜市に隣接し、戦後は東京湾の埋め立て地に石油コンビナートが形成され、製鉄、製油、肥料、製粉、電器機械などの工場が建設されて京浜工業地帯の中核をなす都市として発展した。現在は、最先端の技術開発を中心とした高度な研究も行われている。市の中心街はこの市役所通りの周辺で、市役所通りに沿って造られた商店街を抜けると、曹剛さんが経営する会社はすぐそこだ。

会うのは今回が二度目になり、前回会ってから一年近い月日がたつ。昨年はあらかじめ郵送しておいたはずの取材の趣旨を書いた手紙が届いていなかったために、電話でアポイントをとる段階になって改めて説明しなければならなかった。曹さんに、メディア関係者に対する警戒心があることも察せられた。

そんなことを思い出しながら歩いていると、前方に見慣れた顔があった。長身でがっちりした体型、曹さんだ。軽く会釈するが、男性は怪訝そうに頷き通り過ぎようとした。人違いだったのかなと思ったとき、背後から声がかかった。

「広田さんですね。これから銀行に行こうと思っていたのですが会社に戻りましょう」

腕時計を確認すると、約束の時間の一〇分前の二時五〇分。「この辺りで時間をつぶすので、どうぞ先に銀行に行ってきてください」と申し出てみたが、曹さんは銀行には行かずに会社に案内してくれた。

曹さんの会社「太極」は、高架下の道路沿いに立つ瀟洒なビルの四階だ。社名の横に描かれた社章の丸いマークは中国の道教の中に出てくる「陰陽」(表裏)を表すマークで、物事は極端はいけない、中庸を守りなさい、と教えている。大極は、日本と中国で業務用、一般ユーザー向きにコンピュータのソフトウェアの開発を行っている会社である。

一緒にエレベータに乗り込んだとき、曹さんは「よく僕の顔を覚えていましたね」と言う。路上で挨拶したことに感激しているらしいが、実を言うと出かける前にインターネットの太極のホームページを開いて、そこに掲載されていた曹さんの顔を瞼に焼き付けていたのである。

第一印象は理知的なビジネスマン

曹さんの案内で社内を進むと、長細い部屋の両側にパソコンが備え付けられた机が並べられ、パソコンに向かって社員たちがわき目もふらずに熱心に仕事をしている。曹さんの座る社長の机は、同じフロアーの一番奥にある。会議室に案内されて待っていると、日本人の女性社員が緑茶の入った紙コップを持ってきた。昨年は夕方遅い時間に訪問したので、社員は誰もいなかった。曹さんは私に冷たいのがいいのか温かいのがいいのかと尋ねてくれ、「冷たいのをお願いします」と言うと、冷蔵庫を開けてペットボトルに入ったウーロン茶を出して紙コップに注いでくれた。

曹さんは一九六三年生まれの三九歳、取材した華僑経営者の中では若い方から二番目だ。身長一七五センチくらいで、細身なのでスーツ姿がよく似合う。角ばった顔、やや吊り上った細い眼をしているが、注意して見ると目の下に隈ができている。会社経営からソフト開発の指導、そして営業までこなさなければならない身がゆえに昼間に電話をしてもつかまったことはないくらいだが、今回はアポイントの電話を入れたとき、午後一時から三時までのコアの時間帯に取材に応じることを快く承諾してくれた。

曹さんは、東京大学大学院で博士号を取得したエリートだ。前回会ったときの印象は、論理的で、冷ややかに相手を観察しているというものだったが、今回はそれとはまったく違う別の一面を垣間見ることができた。

愛唱歌は日本のフォークソング

生まれも育ちも北京という都会派で、北京有数の受験校を卒業した後は上海市にある「上海紡績大学（現中国紡績大学）」の機械工学科に進学する。当時の中国は文革が終わり、文革中は廃止されていた大学入試制度が復活したため大学入試の競争率は高かった。曹さんによると、大学進学率は三パーセントくらいで、大学生であることの意味は大きかった。高校生のときからエリートコースを一途に歩んできた人なのかなと思っていたら、どうもそうでもなかったらしい。

「高校生のときは歴史と文学が好きだったので、文系を受験するつもりだったのですが。当時の中国では『重理軽文』といわれ、優秀な学生は理系を選択し、それほどでもない人は文系に進む傾向があったので、その流れの中で理系を受験しました。ところが、試験の当日に夏風邪をひいてしまい、第一志望の大学に入学できなくて上海紡績大学に落ち着いたのです。私は中国北部の出身なので以前から南の地に対する憧れがあったので、結果的にはよかったと思っています。上海紡績大学を選んだ理由はもう一つあります。当時、中国では大学の卒業生の進路は国が決めることになっていたのですが、軍事関係の大学へ行けば、山の奥の基地など町から遠く離れた僻地に配属される可能性があったからです。紡績関係の企業は普通都市の周辺にあるので、卒業後も都会で暮らせると思いました」

大学時代は勉強ばかりしているタイプではなく、趣味の世界に費やす時間が多かった。

「詩や歌をつくるのが好きで、詩は歴史をテーマにしたものや自由詩を書いていました。歌を歌うのも好きで、学内でギターを片手に吉田拓郎の歌や谷村新司の『昴《すばる》』や千昌夫の『北国の春』など、日本のフォークソングを歌ったこともあります」

『昴』や『北国の春』は一九七〇年代に日本で大ヒットした曲で、一〇年遅れで中国に輸出されてヒットしていることになる。弾き語りをしたギターは中国製で、当時の値段で三〇元くらいで買ったが、当時の三〇元は現在の三〇〇元（約四五〇〇円）に相当し、学生の一ヶ月分の生活費に匹敵する金額だったという。また、文革終了後は、明時代の長編小説で四大奇書の一つである『水滸伝』や『三国志』に基づいて再小説化した『三国志演義』などが解禁になったのでむさぼるように読んだ。本の値段は、「一〇元出したら三〇冊くらいは買えました。コピー機などなかった時代で、仲間内で手書きで写して回し読みしていましたよ」と、当時を懐かしむ。

人情味あふれる岐阜

上海紡績大学四年生のとき、中国政府が各大学の成績優秀者を海外に派遣する「国費留学生」の制度で選ばれて日本に留学することになった。

「国費留学生の選抜方法は、大学院へ進学を希望する学生が受ける全国統一試験で上位何人かが指名されて、日本、フランス、ドイツなど先進国へ派遣されるのです。自慢話になってしまうかもしれませんが、私の大学から日本に留学したのは四人で、機械工学部から選ばれたのは二〇〇人中私一人でした」

国費留学生に選ばれることが、いかに狭き門であったことかが想像される。

一九八五年、第四期国費留学生として来日した曹さんの留学先は、日本政府の判断で国立の岐阜大学大学院工学部修士課程に決まった。

「なぜ、岐阜大学に決まったのかですか。あとで分かったことなのですが、私の出身大学が上海紡績大学で紡績という字がつくので、紡績の盛んな岐阜市の大学に振り分けられたらしいのです。上海紡績大学は中国の紡績省という省庁が管轄する大学で、卒業生は紡績の専門家になるのではなく、紡績省の役人や国有企業の職員になる人が多いのですが、どうも勘違いされたようです」

岐阜市は、その産業の中心が紡績業で、市内には「ユニチカ」、「東洋紡」、「三菱レイヨン」などの工場が建設されている。曹さんにとって、岐阜で学んだ二年間はたくさんの楽しい思い出を残した。

「下宿していたのは一軒家で、先輩の留学生が住んでいた家をそのまま借りました。近くにはきれいな長良川があり、人々ものんびりしていて親切でした」

織田信長の居城であった岐阜城、桜の名所金華山、鵜飼いで知られ川の水の透明度が高いことでも有名な長良川などの名所があり、汚染が少なく緑の多い美しい町である。勉学のかたわら、地元の人々との交流や留学生のまとめ役なども行った。岐阜大学と岐阜薬科大学（国立大学）に学ぶ中国人留学生で組織している「学友会」の会長に選ばれ、「毎週土、日曜日には、世話役の日本人の人が私たち留学生のために交流パーティを開いてくれました。日本人の友人もたくさんできました」と、当時の楽しい思い出を話してくれた。

岐阜大学大学院修了後は、東京大学大学院機械工学科博士課程に進学するために上京する。「東大での三年間、親しい友人はできませんでしたね」とポツリ言う。東京で暮らし始めてまもなく、環境や生活テンポの違いから、東京の人の心の余裕のなさを実感するようになっていったようである。岐阜で受けたホスピタリティは東京にはなかった、岐阜が懐かしくなった、と言う。東大でも留学生のための学友会があり副会長に選ばれたが、交友関係はあまり発展しなかったようだ。

「東大時代の思い出というと、そうですね、よく覚えているのは東大の学内で行われたお花見があります。先輩に命令されて、朝早くから場所取りに行かされましてね。そのとき初めて、日本の大学には先輩、後輩という関係があるんだなということが分かりました」

ちなみに、中国の大学には明確な先輩と後輩という上下関係は存在しないという。

天安門事件でテレビ出演

ところで、東大在学中に一番ショッキングだった出来事は、博士課程二年生の一九八九年に起こった「天安門事件」で、曹さんも間接的に巻き込まれることになった。

「民放から『留学生の目から見た天安門事件』という番組を放映するので、何人かの学生にコメンテーターとして出演してほしいという依頼が来たのです。ところが、収録の前日になって『反革命分子を見つけたら通報してください』との中国当局のビラが張られているのです。これを見て、大半の学生は出たくないと言ってテレビ局に来なかった。私も、もちろん行きたくはなかった。でも、学生の連絡係になっていたし、出演することが中国のためになると思って、必死の覚悟で出掛けたのです」

番組が放映された後、「たいしたことは喋らなかった」と言う曹さんだが、中国当局者が大学に調べに来るのを恐れて誰にも言わずに東京を離れることにした。

「東京には親しい友人がいないので岐阜に行き、友人の家に丸三日間隠れていました。騒ぎが静まったころ東京へ戻り、大学の教授のところを訪ねて『ご迷惑をおかけしました』と言ったところ、先生の口から発せられた第一声は『君、大学を辞めろ』でした。正直言って、これを聞いたときはショックでしたね」

しかし、その後にこう付け加える。

「冷静になって考えてみたら、先生は学問の世界に生きる人ですから、政治のことにはかかわりたくないと考えておられたのでしょう。しかし、もしあのとき先生が『君、大丈夫だったのか』とひと言尋ねてくださっていたら、私は精神的に楽になっていたことでしょう」

それでも博士課程を無事に修了することができ、進路を決める段階になって教授から「北陸の大学で助手として働いてみないか」というすすめをいただいたが、研究者タイプではないと言って断り、就職の道を選んだ。

ＩＴビジネスは頭脳で勝負

就職先は外資系のエレベータ会社である「日本オーチス・エレベータ株式会社」（東京都中央区晴海）で、同社の技術研究所の技術開発員として勤務することになった。

「約五年間勤務しましたが、途中で、このまま日本でサラリーマンを続けていても先は見えていると考えるようになりました。そして、日本と中国両国にかかわりのある仕事をしたいと考えて、勤務のかたわら会社を起こすための資金づくりと人脈づくりに励みました」

太極の創業は一九九六年四月で、最初の顧客の会社が川崎市にあったので川崎市に会社を構えることになった。役員は代表取締役社長に曹さんが、代表取締役会長に電子部品メーカー・オムロンの元常務の松野茂雄さん、さらに国費留学生の同期生の武さんと、当時、横浜国立大学大学院生だった任さんを加えた。

「東大大学院工学部にＯＢ会があり、毎年一年に一回会合が開かれるのですが、その会合に出席したときに松野さんを紹介されたのです。とても面倒見のいい方だという印象を抱きました」

と、会長の松野さんとの出会いを語ったが、この松野さんの紹介で、オムロン関連会社から仕事を回してもらったこともある。

「IT関連の企業を立ち上げたのには三つの理由があります。一つは頭脳で勝負できること、二つ目には資本があまりいらないこと、そして三つ目は将来性があると考えたからです」

ソフト開発は参入しやすい業界

現在の太極の業務を大きく分けると、企業から注文を受けて主として業務用のソフト開発を行う「受注開発」と、コンシューマー（一般ユーザー）を対象とする「商品開発」の仕事になる。

「ソフト業界は、ほかの業界に比べると外国人にとっては比較的参入しやすい世界です。それでも、受注開発はまだコネクションや業界の慣習がものを言う部分が残っていますが、商品開発はアイデアが勝負で人脈がほとんどきかない世界ですね」

これまででもっともヒットした商品開発に、NECが提供するインターネットサービス「BIGLOBE」のユーザー向けに開発した「アウトメール」がある。これは外出先からでも海外の出張先からでも、社員が所持しているパソコンを開くと日本のオフィスのパソコンに届いたメールが確認できるというもので、利用希望者は毎月二〇〇円（個人版）の別途料金が必要だ。曹さんは、アウトメールの開発のために太極とは別に「アウトサーブ株式会社」という別会社を設立

展示会で談笑する曹さん

した。

「延べ一〇人の社員で開発しました。そのほかの技術者も、テスターとして協力してもらいました」と話す曹さんの、並々ならぬ力の入れようが分かる。

「受注開発はお客さんの言われたようにしかつくれないのですが、商品開発は技術者の個性を生かしてつくることができます。当たればリターンは大きいですが、マーケットリサーチのための事前の投資が必要です。しかし、いくら準備していても売り出すまで予測ができないこともありますので、リスクが大きいといえるでしょう。『ハイ・リターン＆ハイ・リスク』ですよ」

受注開発と商品開発、どちらの仕事に重点を置いてやっていきたいと考えているのだろうかと尋ねたところ、「どちらも発展途上ですから、私個人としてはどちらの仕事に向いているかどうかは言えないのですが、好きなのは商品開発ですね」と、控えめな答えが返ってきた。

太極の社員は現在五〇人、中国人社員は全員が技術部で働き、数人の日本人社員は技術部と総務部で働いている。曹さんは「私は、ＩＴの世界には男女間に能力差はないと思っている」と言っており、女性技術者も全体の一割ほど採用している。

「平均年齢は三〇歳で、技術開発の仕事は独創性や発想力などの点で若い人の方が向いていると思いますが、管理する仕事は年齢が高い人にやってもらった方がうまくいく。適材適所ですね」

今後採用したい社員像は、「優秀な日本人技術者で、理想的なのは、社員構成比が日本人と中国人が半々になることです」と話す。昨年取材したときも同じことを訴えていたので、日本人の採用が難しいということは二年越しの課題になっているようだ。新卒者で給料は二二万円で、ボーナスは日本企業並みに出しており、決して悪い待遇ではないのだが……。

「大学に頼んで募集要項を張ってもらったり、たまに新聞広告を出すこともありますが、思ったような成果は上がっていません。日本人で優秀な人は自分で会社を起こし、それほどでもない人は就職を希望するが、まずは大手の仕事ができる大企業を狙うようですね」

中国携帯電話市場に参入

一方、海外でも中国のシリコンバレーと称される北京市「中関村」に関連会社を設立して、ソフト開発を進めてきた。

「人件費の安い海外でソフト開発を行うことを『オフショア開発』と呼んでおり、最近のソフト業界での大きな流れになっていますが、これとは逆に、日本で開発した商品を中国で売るということも考えています」

その一つが、前述のＢＩＧＬＯＢＥで大ヒットしたアウトメールの技術を応用したサービスだ。中国政府の情報産業部（「部」は日本の「省」に相当）によると、二〇〇二年一一月末の中国の携帯電話のユーザー数は二億三一万人で、昨年同月から五五〇九万人増加しており、さらに毎月五〇〇万人のペースで増加している。しかし、その中心は音声通話中心の携帯電話で、メールのやりとりができるインターネットに接続できる機種は少ない。それについて、次のように将来の計画を語った。

「現在、中国でメール送信できる携帯電話は全体の五パーセントくらいかな。それもショートメッセージの送信で、文字数がかぎられている。アウトメールが当たれば携帯電話同士、ＰＣと携帯電話間でメールが交換でき、今までよりもずっと多くの情報のやりとりが可能になります」

売上高は三億円（前年度比五〇パーセント増）、経常利益が二〇〇〇万円（前年度比四〇パーセント増）と急成長している。

愛読書は日本の歴史小説

会社の休みは、日本の会社と同じで土、日曜日と日本の祝日だ。華僑経営者は、その休日をどのように過ごしているのだろうか。曹さんの場合は、「土曜日の午前中は一週間の疲れをとるために長めの睡眠をとり、日曜日は家庭サービスをしたり、読書をしています。よく読む本は、仕事柄どうしても経済、経営がらみの本になってしまい、学生時代に愛読していた歴史の本を読む時間はなかなかとれない」のが悩みのようだ。その代わりに、ウイークデーは世田谷の自宅から川崎市の会社までの通勤電車の中で「日本経済新聞」に連載されている歴史小説（取材当時は池宮彰一郎の「平家」が連載されていた）を読むことを日課にしている。

「新聞の裏から読んでいるんですよ。日本の歴史を知るために読んでいるんですが、とくに戦国時代の小説が好きですね。テレビの時代劇などもよく見ていますよ。ところで、現代の日本人に尊敬され人気のある武将は誰ですか?」と、逆に曹さんに質問された。

情報は五感から吸収するもの

一方、日本の起業家の生き方にも興味を抱いており、それらの伝記も読んでいる。ファイン・セラミックから情報通信産業まで参入している「京セラ」の稲盛和夫や、「本田技研」の創業者である本田宗一郎の名前が口から出てくるが、伝記を読むのは、好きだからというよりも人生の指針のヒントにしたいからだ。

「創業者たちが、それぞれの人生のターニング・ポイントにおいてどのような決断をしてきたのかを知りたいのです。そのときの決断によってその後の人生が大きく開けたり、一八〇度転換したりしていますからね」

創業者の中には、初等教育を終えたばかりで就職し、専門教育を受ける代わりに現場で学んだ体験をバネにしてのし上がってきた人も多い。

「高等教育を受けられなかった人もいるようですが、たまたま当時の社会環境が悪かったというだけで、環境が整っていたら大学へ行く能力はもち合わせていたと思います。逆に考えると、学問があるから人は成功者になれるかというとそうではないわけですね。重要なことは、学校で勉強したことがすべてではなくて、社会で出てからも常に勉強し続けることではないかと思うのです。そうしないと、社会の変化についていけなくなりますからね。では、勉強とは何かということになりますが、本や新聞を読むことだけが勉強ではないんですね。人間は文字からだけではなく五感を使って情報をキャッチできるんです。人間観察からでも学べるし、ビジネスの交渉の中からも、またこのように会話しているときでもその言葉の裏側の知恵を吸収することもできるんです。ときには、情報や知識だけでなく、その人のもつ信念や哲学を学び取ることもできます」

それでは、曹さん自身のもつ哲学とはいったい何なのか。

「それがまだないのです。日々の具体的なことでは方針というのはあるのです。しかし、人生という大きなテーマの中では、四〇歳を前にして模索中でいまだ悟っていないのです」

会社理念は「みんなが楽しく働き、幸福に暮らせること」

太極のホームページを開くと、会社概要、開発実績の後に社員旅行のときの写真が掲載されている。一枚目の写真は澄みきった青空にそびえる富士山の写真で、山の頂きには残雪が見える。

次に掲載されている写真は、富士山を背景に展望台で写したもので老若男女三〇人くらいがカメラに向って笑いかけている。

曹さんは、「社員旅行は、会社経営における理念を実現したものです」と言い、会社パンフレットを広げて最初のページの下方を指差す。「我々が楽しく働き幸福に暮らせるよう、我々の仕事が人類進歩に貢献できるよう、我々の知恵と勉強で働こう」、これがこの会社理念である。

「日本では、今どき、家族が参加する社員旅行は珍しいのですか。私は、本当の家族も含めて会社全体が大きな家族であったらいいなと常日ごろ考えているので、社員旅行のときにそれを実感してもらえたらな、という思いがあります。組織の結束を強めるため、というたいそうなも

社員旅行で。富士山をバックにして記念撮影

のではなく、実際に外国人の私たちが個人で旅行するのは難しいのです。行き方も分からないし、日本の文化もまだよく分からない。そして、忙しくてそんな機会もつくれないのです。そして、社員旅行をするときに家族を残していくのも気になる。それでは、みんな一緒に行こうということになったのです」と、家族が参加することになった内輪の事情を説明してくれる。そして、この写真の出来映えを私がほめると、勢いよく次のように言葉を続けた。

「日本に来てから一七年間の間に富士山には一〇回以上行っていますが、あんなに美しい富士山を見たのは初めてです。天候が良かったからいい写真が撮れたんでしょうね。八〇歳の松野さん（会長）も参加しましたよ。宿は、お客さんの会社の保養施設に泊めてもらって、露天風呂に入ったり宴会ではカラオケしたりで、本当に楽しかったなあ」

ビッグバンのような企業に

「太極という会社名の由来は、中国で太極は宇宙の産みの親を意味するのですが、会社もビッグバンのように無から有を生み出し、永遠に拡大、発展し続けることを願ってつけたのです」

そのためには、日本の会社からの受注開発に頼っていては急成長できないと考えている。前述したように、ソフト開発はほかの業界に比べるといくぶん柔軟ではあるけれど、それでも先達の縄張りがあり、参入できないところがあるという。

今後、会社の発展のために視野に入れているのは、爆発的に成長している中国マーケットだ。前述したアウトメールの中国版は、二〇〇二年一〇月一八日から中国トップの携帯電話会社である「チャイナモバイル」（中国移動通信集団公司）でサービスを開始しており、毎日五〇〇人以上の加入者があるということだ。

「これからも、日本で蓄積した技術開発を基礎にして中国ＩＴ市場に参入していきたいと考えています」と、その抱負を最後に語ってくれた。

（取材日：二〇〇二年七月、二〇〇二年一一月に加筆修正した）

9 コスモポリタン

田《た》原《はら》(李《り》) 晨《しん》暁《ぎょう》

親しみやすく、日本人の友人も多い田原晨暁さん

地酒「上善如水」の思い出

先月、友人たちと、東京下町の門前仲町（江東区）にある炭火焼きの串焼き店に行った。店の売りは関東地方の鳥の産地・茨城県から取り寄せた地鳥を使い、良質の炭を産することで有名な紀州備長炭を用いて焼いていることで、料理にマッチした酒類も豊富に揃っていた。ビール、サワー、焼酎、日本酒。日本酒は全国に流通している大手メーカーのものではなく地酒が中心で、壁に張られた短冊のメニューには、栄川、司牡丹、梅錦、雪の松島……など一〇銘柄。目を走らせているうちに、漢字四文字の懐かしい銘柄を見つけた。「上善如水」である。新潟県の小さな蔵元でつくられている辛口の酒で、東京地方の酒屋には数年前ぐらいから出回っている。上善如水は、中国の古典「老子」の中に出てくる「上善は水の如し」に由来しているのだが、それを教えてくれたのが東京で会社を営む中国人の田原晨暁《たはらしんぎょう》（中国名は李）さんだった。

名前から想像するのとは違って三八歳になる若手経営者で、グローバル化時代の最先端のコンピュータソフト開発を行っている、メガネをかけて小太り、誰もが声をかけたくなるような親しみやすい田原さんの顔が浮かんできた。

警戒心を起こさせないよさそうな顔

田原さんが経営する「株式会社日中コミュニケーションズ」へは、ＪＲ池袋駅から明治通りに沿って歩いて一〇分くらいの距離で、六又陸橋近くの一〇階建てのビルの六階にある。約束した時間に訪ねると、入り口近くに座っていた日本人の女性社員が応対した。初秋だというのに毛糸の帽子を被っている。そのとき、彼女のピンクの携帯電話が鳴り、片手で操作しながら、「社長はまだ来ていない。一番奥の社長席の隣の応接セットで待っていてください」と言った。

社内をざっと見渡すと、社員は三〇人くらい。そのほとんどが二〇代のようだ。デスクトップ型コンピュータに向かってキーを叩き、マウスを忙しく動かしている人もいる。会社で待っていた一五分くらいの間、話し声はほとんど聞こえずにコンピュータの呼吸だけがしていた。若い社員が多いＩＴ企業に共通した、よくある雰囲気だ。

田原さんにインタビューした場所は、会社の近くの喫茶店。茶系統のイスとテーブルがセットされて落ち着いた雰囲気をかもしだしているが、バックグラウンド・ミュージックの音が大きすぎるのが難点だ。時折、田原さんの声がかき消され、聞き直さなければならない。

田原さんに会うのは今回で二回目になる。相変わらず人に警戒心を起こさせない人の良さそうな顔をしている。サッカーや山登りが得意な「アウトドア人間」で、いい色に焼けている。酒、タバコなどの嗜好品が大好きで、前回写真を撮らせてほしいと言ったら、「実は、昨晩、お客さんと夜中過ぎまで飲んでいたんです。顔、赤くない?」と冗談を言った。

田原さんの左の手首には、茶色の水晶の数珠が巻かれている。中国では水晶は魔よけと言われ、お守りとして身に着ける人が多い。私も、取材した女性経営者の一人から紫水晶の数珠をプレゼントされたことがある。

「この数珠は、中国のお寺で祈祷してもらってから買ったのです。ええ、茶色の水晶はなかなか手に入りませんね。普通は、白色、ピンクとか紫色が多いみたい。ＩＴの仕事をしているのにイメージにそぐわないという人もいるのですが……」

クラブの名前が入ったプラスチックの使い捨てライターで、マイルドセブンに火をつけながらインタビューが始まった。

文革中に中国伝統文化を教えられた

出身地は中国内陸部の山西省。山西省は中国の中でもっとも古い歴史をもつ省で、後唐（九二三～九三六、後晋、後漢とともに唐から宋への過渡期に華北に興亡した五国の一つ）、後晋（九三六～九四六）、後漢（九四七～九五〇）時代には太原市に都が定められていたこともあって、現在、中国に残っている国宝、重要文化財級のうち七割が山西省に集中している。

両親はともに教育者で、父親は山西省の太原重型機械大学の教授を長年にわたって務めた後、学長で定年退職を迎えた。母親の方は小学校の教師をしていた。文革中で、学校で教えなかった中国の伝統文化を両親が家庭で教えた。中学生のころから『論語』（儒教の経典）や『老子』（道教の経典）を勉強し、発禁処分になっていた『水滸伝』を文革中にすでに読破していた。

「長い間、中国人の心の支柱になっていたものをそう簡単に壊せるものではない、と両親は考えていたのでしょう。儒教や道教は、宗教というよりも人の生き方や人との付き合い方を教える中国人の教養なのですから」

冒頭で紹介した「上善は水の如し」は、「人に接するときは、水がその流れに身を任せているように柔軟であるのがよい。そして、むやみに人と争うな」ということを教える処世術である。

文革が終わった後、復活した大学入学試験を受けて北京入学するが、小学校、中学校で二年飛び級していたので大学に入学したときは一六歳だった。

「両親が転勤で各地を転々とし、赴任先で一年上のクラスに入れたのです。そんなことができたのも、両親が学校の教師だったからだと思います」

担任の言葉を聞いて発奮

北京大学は日本の東京大学に匹敵する中国の最高学府だが、田原さんの中学生のときの成績は一クラス五二人中の四九番目で決してかんばしいものではなかった。高校に進学する前、担任の教師は母親を呼んでこう言った。

「息子さんは総合成績はよくありませんが、理系がよくできるので頑張ったら大学へ入れますよ。まあ、北京大学クラスは無理としても、その次のクラスの大学へは入れると保証します」

学校から帰った母親からその話を聞いたとき、急に負けん気が出てきた。

「僕、先生の言う二流大学でなく北京大学に入る」

それからの田原さんは、人が変わったように勉強に打ち込むようになっていった。進学した高校は山西省でも指折りの受験高校だったが、二年生からはいつも上位三番目以内の成績がとれるようになり、北京大学への道は近づいていった。全国統一試験を受験するとき、第一志望を北京大学物理学科力学にしたのは「少年時代から科学者になるのが夢だったし、優秀な学生はみな理系を志望するものと決まっていた。反対に文系は人気がなく、経済学や法学などといった今は花形の学科でも、当時は競争率が高くはなかった」（田原さん）からだ。そして、その試験の結果は、山西省から受験した学生二七万人中ベストテンに入るという素晴らしいものだったが、物理学科には入れず、第二志望の数学科に回されて北京大学に入学できた。

「数学科に決まったと知ったとき、ちょっとがっかりしました。大学で数学を勉強しても学校の先生になるしかないなと思っていたら、ちょうどそのころからコンピュータが普及し始めて、結果的には運がよかったなと思っています。入学後、北京大学はすごい人たちが集まっている所だと分かりました。入学した時点で、すでに大学課程を終わっているような人もいるのです。次第に、そんな人とどんなに競争してもとてもかなわないな、と思うようになりました」

北京大学は一八九八年に前身となる「京師大学校」として開校され、一九一二年に現在の大学名に改められた。五・四運動（儒教文化や封建制を批判し民主主義と科学精神を啓蒙した運動）の中心的人物であった魯迅や陳独秀（一八八〇〜一九四二）、胡適（一八九一〜一九六二）などが教授陣を務めた時期があり、一九三五年には北京大学の学生が口火を切って抗日運動「一二・

九運動」が起きた。毛沢東が、一時、北京大学の図書館で司書として働いていたことは有名で、マルクス主義の講義を聞いて大きな影響を受けたといわれている。自由を求める気風、革命的精神は体制が変わっても引き継がれてきた。

「学内はとても自由な雰囲気でした。学年の始めに先生が学生を集めてオリエンテーションをし、その後は学生の自由裁量で勉強できました。出席もとらないし、学生が何日も登校して来なくても大学側が問い合わせるということはありませんでした。でも、進級試験や卒業試験はとても厳しくて、毎年二割の学生が留年し、かなりの人が卒業できませんでした」

海外技術者研修制度で来日

幸い田原さんは、留年を経験することなく二〇歳のときに大学を卒業し、中国政府の化学工業部（省）のコンピュータ・センターに就職した。そして、その二年後の一九八六年に日本に行けるチャンスが訪れた。

招聘したのは、日本の通産省（当時）の外郭団体「財団法人海外技術者研修協会」（AOTS）で、アジア地域を中心に発展途上国の技術者を受け入れて日本で研修を行い、海外に進出する日本企業の技術研修を支援するという制度を設けていた。

「選考を行ったのは中国の科学技術部ですが、各部に二人ずつくらい割り当てて推薦者を出してもらい、候補者が決まると英語とコンピュータの試験をしたのです。最終選考に残ったのは八七人中二七人で、それから日本語の特訓が始まりました。来日前に上海で二ヶ月、日本に着いてからAOTSの横浜研修センターで六週間の日本語研修を受けました」

AOTSが支援する研修期間は一年間で、研修先は、家電・通信大手の東芝のコンピュータソフト開発部門だ。

「最初のころは日本語が上手く話せなかったので、東芝の社員とは英語と日本語を交ぜてコミュニケーションをとっていました。部内には研修生を担当するインストラクターがいて、いろいろと世話を焼いてくれました。そして、研修期間も終わりに近づいたとき、ようやく言葉が分かるようになったら、日本と中国は距離的に近いのに、お互いのことが理解できていないなということが分かるようになりました」と、苦笑する。

東京大学大学院へ入学

もっと日本のことを知りたいと考えた田原さんは、研修期間が終了した後も日本に残って勉強を続けることにした。

「東京大学大学院情報工学科研究室に研究生として籍を置き、OR（オペレーティング・リサーチ）についての研究しました。その後、正式に修士課程の大学院生として入学を許可されたのです」

田原さんが修士課程に入学するとき、問題になったのが学業年数のことだ。日本の教育制度では大学院に入学するには最低一六年間が必要だが、中国で飛び級を重ねてきた田原さんはこれに二年足らなかったからだ。

「そのとき、情報工学科研究室の教授が、『彼（田原さん）は仕事の経験もあるしコンピュータにも詳しいからまったく問題がないよ』と言ってくださったので入学が許可されました。しかも、私は東大では異例の一〇月入学だったのですが、先生のご指導のおかげでハンディを乗り超えることができました。東大は官僚的だという声もあるそうですが、研究室によってかなり差があるみたいですね。うちの先生は、とても面倒見のよい優しい人でした」

田原さんが学んだ研究室は教授陣と学生を合わせても六人と小じんまりとしており、和気藹々としていた。「毎日三時になったらお茶タイムをするんですよ」と、まるで昨日のことのように楽しそうに話す。大学院を卒業した後も、教授や研究部のOBとは交流を続け、毎年一〇月には恒例の教授の誕生日祝いを兼ねた一泊旅行が行われている。田原さんは、これに欠かさず参加してきた。

「みんなとの会食や翌日の山歩きは一年に一回の私の安らぎの場所であり、仕事上の心の疲れを癒してくれる機会なのです」

日中の情報のブリッジ

初めて会社を起こそうと考えたのは大学院在学中だ。これについては「学生でもない、業界の人でもない。偶然知り合った人と協力して会社を立ち上げたが、三年で会社はなくなった」と言葉を濁す。本格的に会社を創業したのは一九九一年のことである。

「北京大学で数学を勉強し、中国政府のコンピュータ・センターで働いた。そして、東大でも情報工学を専攻したので会社を起こして何をやるかと考えたら、自然な流れからITが出てきたのです。その当時、日本はバブルがはじけて景気は下り坂になっていましたが、それだったら、新しいソフトを開発して中国との橋渡しをするような会社をつくりたいと思いました。むしろ逆に、今がチャンスかもしれないと思ったのです」

情報のブリッジ（橋渡し）の意味から社名を「日中コミュニケーションズ」とつけスタートした。最初の顧客はＡＯＴＳの研修先だった東芝だ。

「研修が終わった後も当時のインストラクターとは連絡を取り合っていました。会社を立ち上げたとき、彼のところに報告したら、『それではとりあえず、これこれの仕事をやってみませんか』ということで仕事を回してくれた。それをきっかけにして実績を積んで、仕事の発注量が増えたという感じですね。一番の不況のときにも仕事があった。これも人脈のおかげですね」

現在では、全受注量の七割が東芝から、残りは官庁からの仕事だ。また、五年前に上海に関連会社を設立して、日本と中国の両方でソフト開発を行うようになった。

「中国での仕事は、日本で受注したソフトの開発や日本での技術開発の経験を生かして、中国マーケット向きの製品開発を進めています」

創業一一年目を迎えた今年、社員の数は東京本社が三五人に、上海の会社は四五人になった。社員のうち技術者は全員が中国人で、数人の日本人社員が総務部で働いている。平均年齢は三〇歳以下と若い。

「中国人社員は、全員が中国や日本のコンピュータ関係の大学を卒業しており、北京大学、東京大学、清華大学（北京市）など一流大学の卒業生もいます」

日々の仕事の中で痛切に感じるのは、日本語のコミュニケーションの難しさだ。

「半数以上が来日歴五年以上の人ですが、それでもたまに日本の文化が分からないことで仕事がスムーズに流れていかないということがあります。お客さんからの説明の中で、『こんなこと、いちいち説明しなければ分からないの』と言われたことがあります。日本で顧客の言うことが分かって初めて上海の会社で働く人たちを指揮できるわけですから、日本語の能力は私たちにとって重要な課題なのです」

社内クラブには「サッカークラブ」や「山登り同好会」などのスポーツ関係が多いが、今の話が理由なのか、最近「日本語教室」が新設された。仕事のニーズに応じて社員が自発的につくったものだ。

社内日本語教室の風景

課題は中国向けの商品開発

ところで、今後の事業展開についてはどのような計画を抱いているのだろうか。

「従来の受注開発を続けていく一方で、中国でのシステム・インテグレーション（システム設計、アプリケーション・プログラムの開発を行いユーザーに提供する）、そして自社製品の開発というのが三本柱ですが、受注開発だけでは大きな発展を望めないので、日本の優れた技術や、わが社が日本で開発して蓄積した技術を中国マーケットで応用していきたいと考えています。自社開発についてはすでに始めており、日本向けの商品を上海の関連会社で開発しています。今、開発中の製品はマンションの入り口に設置される『入退室システム』で、日本で開発すると五〇万円以上かかるところが一〇万円でできてしまうのです」

コスト面だけでなく、急成長している中国のＩＴ市場からも目が離せないところだ。

「日本がこれまで辿ってきた道は、中国も必ず辿るはずだという確信があります。ただ、日本が五〇年かかったところを中国は二〇年で達成するかもしれない」

前出の曹剛さんの話を考え合わせると、中国でのオフショア開発や中国市場向きのソフト開発は、華僑経営者の共通した今後の課題になっているようだ。

地域社会に貢献

ところで、田原さんがほかの華僑経営者と異なっているのは、日本の地域社会にすっかり溶け込んで生活していることだ。住まいは千葉県松戸市で、移り住んではや一二年になる。

「最初は東京の下町に住んでいたのですが、子どもが大きくなるにつれて家が狭くなって、もっと大きな家がいるなと思うようになりました。そんなとき、たまたま松戸に同業者が住んでいて、何度か遊びに行くうちに松戸もいい所だなと思って。最初はマンションに住んでいたのですが、自然もあるし近所の人もよい人なので、思い切って一戸建ての家を買ったのです」

松戸市は東京から電車で三〇分の距離にあり、市の真ん中に広大な芝生やバードウオッチングができる「二十一世紀の森」や水戸藩最後の藩主徳川昭武（一八五三〜一九一〇）の別荘跡など憩いの場所が多く、「今ではとても松戸から離れられませんね」と、田原さんは言葉を強める。

地域活動にも積極的に参加しており、八年前に社団法人松戸青年会議所の正会員になった。

「メンバー資格は二〇歳から四〇歳までで、国籍、性別を問わず誰でもが入会できるのです。でも、会費が結構高いこともあって、実際のメンバーは会社の課長さんや部長さん、地元企業の二代目が多いですね。毎月二回定例会が行われているほか勉強会も開いています。経営の勉強をしたり、国際貢献にどう取り組むべきかとか、地域コミュニティを促進するためには何をしたらいいのかなど、会員同士で考えたりディスカションしているのです」

松戸青年会議所は、日本青年会議所の傘下にあり、全国各地にある七四五の青年会議所のメンバーと交流できるのも、田原さんにとっては楽しみの一つだ。

「全国の青年会議所の代表者が集まる全国会議では、年度初めに諸活動のための委員会のメンバーが選出されます。委員は、各地で行われる委員会に出席しなければならないのです。私も、選ばれた年は全国各地を訪ねました。自腹を切って参加するのですが、そのお陰で日本がどんな国なのかよく分かりました」

これがゆえに、沖縄県を除いてすべて旅行した、と田原さんは言う。

「中国経済研究会」を主宰

さらに数年前からは、松戸市にあるいくつかの異業種交流会にかかわるようになり、三年前に中国ビジネスに関心をもつ経営者を集めて「中国経済研究会」を設立し主宰するようになった。定例会は毎週月曜日の朝七時からで、メンバーの会社の会議室を借りて開いている。

「中国ビジネスのノウハウから実際の投資相談まで話し合っています。中国の現地を視察したいという人のためにはツアーをコーディネートしたりエスコートしてあげ、中国では、必ず中国政府の経済関係の部署との会合を設定することにしています」

田原さんは、ホテルの予約や訪問先のセッティングにかかる費用と現地を案内する費用、およびコンサルタント料などを一切とっていない。人を紹介してあげた場合でも、その後の結果についてはノータッチと決め込んでいる。

「ビジネスには、即利益に結びつく場合とそうでない場合があるのです。中国経済研究会の場合はまず一つの和をつくり、長期的にビジネスチャンスを求めるやり方なんですね。一緒に中国に行って人間的な信頼関係を築いてから、どこかで接点が生まれ、それがビジネスにつながればいいなと考えているのです」

それでも、実際にこんなことをやりたいのだが、というビジネスの話がすでに進行しているという。

このような人との付き合い方は、効率性を優先し、できるかぎり無駄を省こうとする合理主義的な考え方から見れば時代に逆行しているようにも思われるのだが、田原さんは次のように説明する。

「人間は一人ひとりが自分の『壷』をもっているんだと思うんですね。その壷の中にどのくらいの人材が入っているかということは、その人の能力だと思うのです。たとえば、この分野についての知識はなくても、壷の中にその方面の専門家がいればそれでいいわけでしょう。私はこういうやり方でずっとやってきました。人間は、何もかもを一人でできないんです。中身がいっぱい詰まった壷をつくることが人脈ですね。すぐにビジネスにならないこともありますが、何かのときにビジネスに役立つこともあるわけです」

目先の利益で人や物事を判断するのではなく、もっと長いインターバルで人と付き合っていくことが大きなビジネスチャンスに繋がると、田原さんは強調して言う。

田んぼの真ん中に住んでいるから「田原」

田原さんは、三年前に夫妻ともに日本に帰化した。帰化を決断したときの事情について詳しく尋ねると、最後の決断をさせてくれたのは、意外にも一人の日本の入管職員だった。

「ベトナムに旅行に行ったときパスポートをなくし、ベトナムの中国大使館でパスポートの再発行を申請したら、一〇日間も足止めを食わされてしまいました。成田空港に到着したら案の定、ここでも入管職員に尋ねられたのですが、調べが終わったとき、担当した職員は『待たせてごめんなさい』と、ていねいに謝ってくれました。でも、調べられた時間はたったの一五分だったのです。そのとき、ああ、やっぱり日本ってよい所だな、と感激してそれまでの迷いがふっきれてしまったのです」

田原という日本姓を決めたときのエピソードも面白い。帰化が認可された後に夫婦で松戸市の法務局に行ったときのことだ。

「最初は、女房も私も帰化しても改姓つもりは毛頭なく、中国姓でずっと通すつもりだったのです。でも、担当した職員から『日本の社会は〝家〟を単位として構成されているので夫婦が別姓を名乗るのはおかしい』と言われました。私は『中国では結婚しても妻は旧姓を通しています』と説明したのですが、納得できない様子でした」

しかし、そこは柔軟性に富む田原さんのこと、一旦は家に帰って日本風の名前を考えることにした。

「最初に思い浮かんだのが、平安時代の貴族の名前の藤原でした。でも、私の下の名前が晨暁ですから、藤原晨暁になるとお坊さんみたいな名前になるでしょ。そこで思い直して、ハッと思いついたのが田んぼに囲まれた我が家のことでした。アツ、そうだ、田んぼの真ん中に住んでいるから『田原』にしようと思ったんです。そして、女房も田原になって手続きはうまくいきました」

「帰化手続きが終わったとき、まず何を考えましたか？」

「正直言って、もう逃げ道がなくなったなと思いましたね。日本社会の一員としての果たすべき義務についていろいろと考えました」

コスモポリタンに

日本国籍を取得しても、アイデンティティになると別問題のようだ。

「矛盾していると思われるかもしれませんが、自分のアイデンティティはどこかとなると分からなくなってしまったのです。強いていうなら、アジア人ということになるでしょうね」

中国語、日本語、英語が話せてＩＴの仕事があれば、世界のどこにでも住める。決して口だけではない。上海、北京、そして松戸にそれぞれ家を所有し、将来に備えている。そして、一〇歳になる長女を頭に二女、一男の子どもにも同じことを期待している。

「今は日本の学校に入れていますが、高校は絶対ヨーロッパへ行かせたいと思っています。そこで英語を勉強させて、その後は中国の大学に入れたいのです。大学に入れなかったとしても、短期間でも中国へ行かせて勉強させたいのです。それが親として子どもたちにしてあげられることですからね。あとは、本人たちが自分の人生を選べばいい」

自らの時を待つ

趣味は読書で、愛読書は歴史書、これは子どものときから変わっていない。中国のものも日本のものも好きで、「論語は、日本へ来てから日本語で読みました。今、中国の歴史書をもう一度読み直したいと思っています」と話す田原さんだが、日本の歴史上の人物にも大いなる興味をもっている。誰だろうかと聞いてみたら、徳川家康だった。

「流れに身を任せているようだけれど、決して流されない。初心を忘れず、自分がいつか浮かび上がれるチャンスをじっと待っている、という人生に惹かれたからです」

そして、家康の生き方は儒教にも通じるところがあるという。

「武士道の基本は儒教、儒教が江戸時代の秩序をつくり、太平の世を生み出したのです」

田原さんも家康のように表面は波風を立てないけれど、心の中は、いつか大きく飛躍できるときを隙《すき》なくうかがっているようである。

田原さんは、鷹揚でときには極楽とんぼのようにさえ見えるときがあるのだが、その心の中には確固たるものをもっている。彼の人生を支えてきたのは、少年時代、両親にすすめられて読んだ儒教や道教である。日本社会にうまく適応しているのもそれらの教えによるところが大きいのだろう。そして、自らの生き方に自信を抱いており、それゆえに、こだわりなく日本社会に協調することができるのだと思う。

田原さんは、日本の武将の中で尊敬できる人物として、織田信長、豊臣秀吉ではなく、家康を挙げた。なぜなのだろう。それは、自らのときが来るのを辛抱強く待ち続けた家康のもつ観察力や洞察力に惹かれたからではないだろうか。

（取材日：二〇〇二年九月）

10 理性と感性

顔《がん》　安《あん》

実業界と芸術界、二つの世界で生きる顔安さん

受付台に五星紅旗と日章旗

東京駅八重洲口を出ると、そこは証券会社、銀行、大書店、有名企業の本社などが集まる一大ビジネス街で、日本橋、銀座など東京の商業地域へも近い。中国人の顔安さんが代表を務める「誠成日本株式会社」は、東京駅前八重洲口からすぐ、大手金融会社の黄色と黒色の大きな看板が屋上に掲げられているビルの中にある。地上の階は日本の会社の事務所で、地下一階は築地の有名な寿司屋の東京駅前店になっている一般的な雑居ビルである。

しかし、エレベーターを四階で降りて誠成日本の前まで来ると、この会社が中国系企業であることを思い知らされる。真紅に五つの星の五星紅旗と日の丸の小旗が受付台に飾られているからだ。旗の下には日中両国の友好関係を願っているかのように小旗を包み込むような二つのブロンズ製の手が……。誠成日本は、拡大を続けている中国の私営企業の一つである「誠成集団」の日本事務所である。

社内は、一般の日本企業に比べると広々としており、二〇代から三〇代と見られる数人の日本人男女の社員が働いていた。社長室はその奥にあり、大きな執務机とその前に応接セットが置かれていた。社長席の背後には書棚があり、中には誠成集団が発行する百科辞典『傳世蔵書』がずらりと並べられていた。応接テーブルに案内されて顔さんを待っている間、横の大きな窓から下を見ると、ビルとビルの谷間の細い通りには居酒屋のネオンが輝き、今、店から出てきたばかりのほろ酔いかげんのサラリーマンの姿があった。

顔さんは一九五九年生まれで、四三歳になる若手社長だ。経営者と舞踊家という、二つの「顔」をもつ異色の経営者である。昼間は会社社長であるが、その合間を縫って中国の歌舞団（歌劇団）のためにダンスの振り付けや演出をしたり、日本公演のための交渉を行うなど文化面における日本の窓口的な役割を果たしている。

顔さんに初めて会ったのは二〇〇一年の六月である。以来、この一年間で数回会っているが、二つの世界をまたにかけ、その両方で業績を上げているだけに、その人物像を一口で語るのは難しい。身長は一七二センチメートル、細身で色白だ。メガネをかけており、ややハスキーな声の持ち主でもある。電話で取材のアポイントを取ったときも、直接会って話すときも、いつも穏やかな微笑を浮かべている。まずは、その半生を追ってみよう。

舞踊活動に限界を感じて

故郷は、中国西部の四川省の宜賓市である。三人兄弟姉妹の長男で、「父母は二人とも医者で、兄弟は一人の弟は麻酔医、もう一人が薬剤師、妹は看護婦として働いています。そんな中で、なぜか私だけが家族の影響を受けないで別の人生を歩むことになりました」と、笑いながら言う。

地元四川省の宜賓市歌舞団、四川省舞踊学院で学んだ後、中国軍附属の北京国立総政歌舞団に一〇年間所属して、バレー、モダンダンス、民族舞踊など、各種ダンスの習得を目指しながら中国各地を回って公演活動を行っていた。この間、中国の各省の代表が参加する「中国全国ダンスコンクール」に出場して、九人が一チームとなって踊る「群舞部門」で優勝したこともある。

中国軍が直轄する歌舞団に所属していたので、在職中は軍事訓練も受けた。しかし、待遇は一般の軍人と比べてかなりよく、「普通の兵士の四倍近い給料をもらっていた」そうだ。

一九八〇年代は改革・開放政策で若い世代の人たちの海外渡航が増えたが、一九八〇年代後半の民主化運動は顔さんに自由な西側諸国への憧れを一層募らせ、出国を決意させた。

どうやら、中国当局が統括する舞踊活動にも限界を感じていたようだ。北京国立総政歌舞団に辞表を提出したが、上司はなかなかそれを受け取ろうとはしなかった。

北京総政歌舞団の軍営にて（1985年）

撮映する前、北京総政歌舞団スタジオにて（1986年）

「軍の機密を国外に持ち出そうとしているのではないかと疑われたのです。ビザを申請したときにも何度も呼び出されて事情を聞かれるなど、取得するのに一年以上もかかってしまいました」

日本で現代舞踊を学ぶ

一九八八年に映画女優の夫人とともに来日し、私費就学生として日本語学校に通った。その期間は、ほかの留学生と同様に、工事現場での辛い肉体労働や居酒屋での下働きなども経験した。日本語学校を修了した後は「ダンサーとしての道が捨て切れないため」、日本にとどまることを決意し、東京学芸大学大学院教育学研究科・保健体育専攻の入学試験を受けて合格した。入学後は舞踏研究室に所属してダンスの勉強をするとともに、一九九二年から日本を代表する現代舞《モダンダ》踊《ンス》家の石井かほるの指導を受けるようになり、石井が主催する「石井かほる&ＴＤＴ」の公演に出演して日本でデビューとなった。また、日本各地で行われるダンスコンクールにも参加して、一九九二年に神戸で行われた洋舞コンクール・モダンダンスの部では見事三位に入賞している。

「日本でダンスの技術が評価され認められたことは大きな収獲であり、自信にもつながりましたが、その一方で、男にとってダンスは本当に一生の仕事だろうかという疑問がいつも頭の中にあり、自分の生き方に対して迷いがありました」

一九九三年、東京学芸大学大学院修士課程を修了するとき、指導教授が「大学に残って学生にダンスの指導をしないか」とすすめてくれたが、それを断って、来日するときに保証人になってくれた麒麟麦酒の重役の紹介で「三菱倉庫株式会社」に就職した。当時、三菱倉庫は中国に進出し始めたときで、顔さんはアジア・チームに配属されて、中国広州事務所長として広東省の広州に赴任した。

「私は人一倍我慢強い方なのですが、ダンスの世界が長かったせいか、運輸業という業界にはどうしてもなじめずに一年間で退職しました。友人の中には、そんな大手の会社をなぜそんなに短期間で辞めたのか、と言ってくる人もありましたが、私は会社を辞めたことに対して少しも後悔はしていません」

顔さんはこのときの心情について、在日中国人向けの新聞「日本僑報」（一九九八年一一月一日付）紙上で詳しく答えている。

「私が三菱倉庫を辞めた理由は、管理された日本の企業社会の中で、個人の意志、自由、権利が無視される生活に耐えられなくなったからです。三菱は日本を代表する企業ですが、私には私の生活があり、自由がある。もし、それをなくしたら人間としての存在価値がなくなってしまう」

そして、再び来日して、舞踊家としての修行を続けることにした。

親族の縁で私営企業の日本代表に

顔さんの運命が変わるのは今から五年前のことで、その始まりは夫人の妹からの一本の国際電話だった。義妹は夫人と同様に女優で、「許晴」という名の中国を代表する国民的スターの一人である。一九九〇年以降、多くの中国映画やシンガポール映画、中国のテレビドラマに主演女優として出演している。

「彼女は『来年の正月には、お義兄さんとお姉さんにぜひ北京に帰ってもらいたいの』と言うのです。中国に帰ってみると、婚約者だという男性を同伴してきました。彼は企業家で、今度日本に支社を開設するので、私にその責任者になってくれと言うのです」

義妹の婚約者の劉波《りゅうは》氏は、一九八九年に三〇代の若さで「誠成集団」を創立し、短期間で事業を拡大してきた。製薬、出版、金融を中心に、貿易、商工、不動産、ハイテク、映画制作会社、劇場経営など二〇の業界に進出し、中国国内の支店、海外事務所の数は合わせて三八、従業員総数約一万人を抱える多国籍多角経営企業に発展させた。

一九九七年に誠成日本が設立されると、劉の申し出を引き受けて顔さんは代表取締役社長に、夫人が代表取締役副社長に就任し、新しいスタートを切ることになった。

大手書店への売り込みに成功

誠成日本の主な業務は、本社の誠成集団が発刊した全一二三巻の大百科事典『傳世蔵書』の日本での販売、中国株など金融商品の情報提供など日本市場での投資顧問業務、薬剤関係の情報収集、そして日本の雑誌や週刊誌の記事の中国語への翻訳業務である。

中でも『傳世蔵書』は誠成集団が誇る事業の一つで、中国五〇〇〇年の文化遺産の中から一級の古典千種類を選んで整理収録したもので、北京大学、清華大学など中国の有名大学の教授に執筆を依頼して、六年がかりで完成した。日本では、国立国会図書館と東京大学に寄贈されているが、その贈呈式は東京の「帝国ホテル」で各界の名士約二五〇人を招待して盛大に行われた。

顔さんの社長就任後の初仕事は、この『傳世蔵書』を日本の大手書店へ売り込むことであった。

「新宿の紀伊國屋書店（東京本店）を訪ねたとき、営業担当の重役が応対に出てきたので、私はこの百科辞典は他に類のない価値あるものです、と一所懸命説得したのです。話を聞いた重役はすぐにその場で五〇セット買い取ると言ってくれました。私はそのとき、商売とは人と人との縁だなと思いましたね」と、まずまずのスタートを切ったと話している。

「中国社会では、ビジネス界で成功するということは芸術の世界での成功よりも尊敬されます。

反対に、ビジネスをやりながら芸術界でも世界トップになれたとなれば、ビジネス界における信用度を増すことにもなります。また、頭を使う、体を使うという理性と感性の両方の世界に生きていることで、精神的なバランスがとれるということもメリットの一つになります」

しかし、顔さんはオーナー社長ではなく、現職は親戚の縁で得たものでいわば「棚からぼた餅」である。ビジネス界での経験も浅く、先行きは未知数の部分も多いのではないだろうか。そういう不安に対して、次のような話をしてくれた。

「芸術家とビジネスマン、私の希望はもちろん両方ともうまくいったらいいと思っています。芸術の方は誰にも負けない、日本にいても、中国に帰っても、どこにいても自分の居場所はあるという自信があります。しかし、ビジネスの方は今後が読めません。とくに、ここは外国ですから失敗する可能性もあります。それを考えると、これからどうしたらいいか、どこへ行ったらいいのだろうか、と不安になります」

作品の中に自らを投影する

ところで、もう一つの仕事である芸術家としての肩書きは「現代舞踊作家」である。先にも述べたように、ただのダンサーではなく、振り付け、演出、舞台監督を兼ねた役職である。

「ダンスの世界には芝居の『脚本』に相当するようなものはなく、音楽が脚本代わりなのです。振り付けを担当する人はまず音楽を聞いて、ダンスのストーリーを考える。そして、一つ一つの振りをつくるのです。時には、舞台監督として他人の担当した振り付けを見て全体的な舞台構成を考えることもあります」

現代舞踊は動きが多様で自由奔放だ。テーマも自由で、身近で現代人の心の内面を表現しようとしたものが多い。それだけに、あらかじめストーリーが決まっている民族舞踊や形式美が重んじられるバレーに比べて、その作品には舞踊作家の感性や芸術性、その人の生き方、世界観が投影されているといえる。顔さんがこれまでに振り付けをした作品には、東京学芸大学大学院修了時につくった障害者の強靭、不滅の魂を描いた「自由と束縛」、森林破壊に警告を発した「失われた森林」などがある。

また、ダンスコンクールで入賞した作品には、一九九五年の「第二回世界バレエ・モダンダンスコンクール」で決戦に残った「俺の首は変なんだ」や、一九九七年の「第九回埼玉国際創作舞踊コンクール」で二位に入賞した「兵隊の魂」があり、いずれもダンスと振り付けを担当している。ちなみに、「俺の首は変なんだ」は不安と緊張の連続する日常生活を描いたもの、「兵隊の魂」は家族への愛と責任感、国家と民族への使命感をもつ兵隊をテーマとする作品である。

もちろん、誠成日本の社長に就任してからも舞踏作家として活動を続けている。一九九九年に行われた「第三回世界バレエ・モダンダンスコンクール」では、「勇気の握手」という作品を振り付けし、中国有数の歌劇団として知られる国立上海歌舞団の芸術総監督であり中国トップ男性ダンサーの黄豆豆（一九七七〜）と共演して、第二位に入賞している。

その当時、顔さんは三九歳で、相手の黄さんは二一歳。出場者の年齢が二〇代から三〇代の前半という中で顔さんはよく健闘し、入賞作品を批評した舞踊専門家によると、「顔・黄チームは、完成された芸術家の演技、作品を見せ、一位に少しも劣らなかった。高度な京劇的技巧を組み込んで、その技巧の背後には深い芸術性が感じられる」と評価している。

「僕は小さいときから話すことが苦手でしたが、ダンスがあったから劣等感をもたずにやってこられたのです。ダンスは、言葉を使わなくても体で自分自身を表現できますから」

国際コーディネーターへ

最近では、これに国際コーディネーターとしての役割も加わってきた。二〇〇二年六月二九、三〇日の二日間にわたって東京・池袋の東京芸術劇場で開催された「日韓・日中韓舞台芸術コラボレーション・フェスティバル2002」での活躍もその一つだ。これは、平成一四（二〇〇二）年度の文化庁の支援行事で、二〇〇二年がサッカーワールドカップの開催と「日中国交正常化三十周年」にあたるのを記念して、日中韓三国の若い世代の芸術家の交流を目的に企画されたものだが、顔さんがコーディネートしたのはこの中の日中韓ダンスプロジェクトだ。

「これは三国のダンサーが一つの作品に同時出演するというもので、ダンス史上初めてのことです。実は、このコラボレーションを発案したのは私なんです。発端は今から三年前で、私のところに上海歌舞団から新しい作品の振り付け、演出の依頼があったのです。提案書を送ると、上海歌舞団から、日本で同時公演が実現できないものかという打診があったのです」と明かす。

国際協力に詳しい友人らに相談した結果、中国の単独公演ではなく、日中韓の共同出演を提案してみようということになり、文化庁へは助成金の申請も行い、このプロジェクトは認可された。その後、三国から振り付けをする人の人選が行われ、顔さんもその一人に選ばれた。

「最初、実行委員会へ『軍の魂』という兵士の人生を描いた作品を提出したところ、『日中国交正常化三十周年のイベントにこんなものを上演したら問題が起きる』と反対されました。それで、逆に実行委員会にどんなものを望んでいるのですかと聞いたのです」

最終的に決定したのは「春の祭典」という作品。愛と平和、魂と身体の統一をテーマとしたもので、音楽はロシアの音楽家ストラヴィンスキー（一八八二～一九七一）作曲のバレー音楽『春の祭典』を使った。

リハーサルから本番までの間は波瀾続きで、「日本人、韓国人ダンサーが中国に行って、上海歌舞団に泊まって行いました。リハーサルのときも一応通訳はいるのですが、いちいち通訳を通していたら時間がかかってしようがない。振り付けをめぐっては、外国人ダンサーと喧嘩をしたこともありました」と、そのときのことを話す。

最大のハプニングは、公演の二週間前になって、言い出し側の上海歌舞団の主要メンバーが来日できなくなったことだ。理由は、二〇一〇年に開催される「世界博覧会」の開催国を決めるのに重要な会議である「パリ事務局会議」に中国政府が上海歌舞団を送り込み、各国の代表の前でパフォーマンスすることを急遽決定したからだった。中国は、博覧会事務局に上海を開催地として申請しており、今後、国際社会の中で認められるためには逃したくないイベントであった。

「運が悪かったのです。まさに波瀾万丈でした」と、顔さんは肩を落とす。

芸術家としてのもう一人の顔さん

日中韓ダンスプロジェクトの初日の六月二九日は朝から雨が降っていたが、顔さんからチケットを送ってもらっていたので午後から東京芸術劇場に向かった。東京芸術劇場は、東京都が音楽や舞踊を上演するために建設した本格的な施設で、地上一〇階、地下四階建て。一九九九人を収容できる大ホール、八四一席の中ホール、二つの小ホール、リハーサル室、楽屋、待ち合わせに最適なロビーなどがある。

会場となった中ホールは、午後七時の開演時間になると桜の花びらを描いたワインレッド色の緞帳が上がり、日本語、韓国語、中国語、そして英語による上演の挨拶があった。上海歌舞団、上海バレー団単独の作品に続き、韓国人の振り付けによる作品上演の後、休憩を挟んだのちに顔さんが振り付けた「春の祭典」が始まった。

スチールのイスを小道具に使い、ほかの作品に比べて大胆な振りが目につき、春の祭典の原曲のイメージからはやや飛躍したストーリーの展開——集団の中での戸惑い、孤独、焦燥感など——を思わせる仕上がりになっていた。

「上海歌舞団から出場するダンサーはアマチュアみたいな人ばっかり、だからダンサーを見ないで作品を見に来て下さい」と話していた顔さんだが、ダンスが終わると開場からは大きな拍手が起こった。

終演後、出演したダンサーたち全員が舞台に一列に並んで挨拶をし、その後、振り付け担当の舞台監督たちも舞台に上がった。顔さんは緑色のジーンズにシャツという軽装で現れ、年齢より一〇歳ぐらいも若く見えた。満面の笑みを浮かべて観客に挨拶するその顔は「芸人」の顔で、会社で会ったときとはまったく違う別人になっていた。

水のごとく、したたかに

顔さんは自分のこれまでの人生を振り返り、自らを戦場での兵士にたとえる。

「中国の四川省の地方都市に生まれ成都（四川省の省都）へ、そして北京へ出て中国で認められる人物に、そして、日本に来てからは世界で認められるようになりたいと懸命に走り続けてきました。兵士と同じように、命を賭けて一つの目的にたどり着こうと努力し、絶対に停滞す

日中韓ダンスプロジェクト　2002年６月29日・30日@東京芸術劇場中ホール
「春の祭典」（振付：顔安）写真：高木伸俊

るまいと心に決めて日々を送ってきました。日本人がいい大学を出て会社に入り、出世街道を一途に走るようにです。でも、私の場合は、人よりもそれが激しかったようです」

ところが、そんな生き様が一変するのが、前述したように一九九七年の誠成日本の社長就任で、それ以降は経済的に安定し、暮らしぶりも大きく変わった。

「これまでほぼ自分が描いたような人生を歩むことができましたから、この辺で自分の人生を振り返り、人並みの幸せを味わいたいと思うようになりました」

こんな心情を表すかのように、一九九八年一月、顔さん夫婦に結婚一二年目にして長男が誕生した。子どもが生まれたとき、病院に駆けつけた顔さんは、「手足をバタバタさせている我が子を見てこれまで感じたことがない感動が起こり、突然、責任と神聖な感情が沸き上がった」と話している。模索し、奔走してきた日々が終わり、一つの節目にさしかかったことを実感したのだろう。

現在、品川区の至便な場所にある高層の新築マンションに住居を構える。マンションの敷地内には緑の木々を配置した散歩道があり、別棟には、関西の有名な老舗のレストランやイギリスのパブ風の洒落れた洋風居酒屋が入っている。皮肉なことに、やっと家族そろって落ち着いた生活ができると思うや、夫人は仕事の関係で子ども連れて中国で生活をするようになり、目下、顔さんは独り暮らしである。

雨の降る夜に一人でいると、ビジネスのことや将来の生活のことなど考えてしまい気が滅入ってしまうそうだ。食事は自分ではつくらないで、もっぱら外食で済まし、翌日が休みの金曜日の夜などには、中国人の経営者仲間や日本人の友人を誘って食事をとりながら酒を酌み交わすのが気分転換になるという。

顔さんが日本人によく話す中国の伝統的な教えに、世間を上手に渡るには「水」のようになることだ、というのがある。

「水はコップに入れられるとコップの形になり、川を流れるときは川の形になるでしょう。水はどんな形にも自由自在に姿を変えることができるのですが、目的地に到着するのは何（誰）よりも速いのです。つまり、水はこの世の中でもっとも強いのですよ」

人と争わず、環境に柔軟に対応することで世の中との摩擦を避けることができ、最終的に自分の目的を達することができると強調するが、実際のところ、そう言っている顔さん自身も「水」になって生きてきたのだろう。血を流し、傷つきながら戦地を渡り歩く兵士というよりも、しなやかに、そしてしたたかに生きる「水」の方が顔さんにはふさわしい。

（取材日：二〇〇二年六月）

11 指導者

呂《ろ》 行雄《ゆきお》

在日華僑から信頼の厚い呂行雄さん

生粋のハマッコ

横浜港に臨む山下公園から歩いて五分、ウィークデーの横浜中華街の朝が始まるのは遅い。朝の一〇時、ほとんどのレストランには「準備中」の立て札がかかり、店を開けているのは八百屋と朝ご飯をサービスする小さな食堂くらい。路地に入ると、荷台に野菜を積んだ若い店員が自転車で通り抜けていき、老人が自動販売機のタバコを買っている。事務所に向かうサラリーマンやOLの姿もある。観光客で賑う日祭日の午後とはまったく別の顔をしている。

横浜中華街は五〇〇メートル四方の広さの中で約五〇〇店が営業をしており、そのうちレストランの数は約二〇〇店舗だ。北京、上海、広東、台湾、福建、四川料理など、中国の各地方の料理を提供するレストランがひしめいている。一番数が多いのは広東料理店で、その数はほぼ半分の一〇〇店に上る。休日の午後など、かき入れ時には長引く不況を跳ね返すかのように、各店の前におすすめメニューをデカデカと書いた看板が掲げられたり客を呼び込む店員が立つ。横浜中華街発展会協同組合の統計によると、横浜中華街を訪れる観光客の数は年間約二八〇〇万人（一九九八年）だ。

「萬来軒」（取材日は二〇〇二年九月一一日。この五ヶ月後の二〇〇三年二月に店は閉店した。

のちに詳述）は、華僑の神様「関羽」を祭った「関帝廟」から程近い所にあった。黄色地に赤く店名が書き抜かれた看板が目印だ。店の前には、料理のサンプルを入れたショーケースや派手な広告看板などはないが、ガイドブックを片手に立ち止まり、店の中を覗き込む観光客がいる。自慢料理は、中国の四大料理（北京、上海、四川、広東料理）の中でも「食は広州にあり」といわれる広東料理である。シェフを香港（広東出身者が多い）から招聘し、山海の珍味を中国の味そのままに提供している。

「日本人の味覚に合わせた味付けをしていませんので、人によっては淡白だといわれる方もあるのですけれど、減塩、低脂肪が好まれる時代ですので、時代の要求にこたえていると自負しています」と話すのは、萬来軒二代目店主の呂

横浜華僑の心のよりどころである「関帝廟」

行雄さん。

　創業は一九三三年で、中華街のレストランの中では古い方から五本の指に入る。父親の呂沢明さんは、約八〇年前、一四歳のときに広東省から来日してコック見習を経て創業した。店は三階建ての建物で、店舗兼住居になっている。一階は小人数用の角テーブルとスタンド式のミニ・バー、点心などの持ち帰りカウンターがあり、二階は円卓テーブルがセットされていくつかの部屋に分かれている。

　入り口のキャッシャーの所にいた呂夫人に挨拶していると、ほどなく階上から呂さんが下りてきた。長身で、優に一八〇センチを超えている。そして、ロマンスグレーの髪。呂さんは一九三九年生まれの六三歳、日本生まれの華僑二世である。母親は日本婦人で、呂さんは萬来軒で産湯を使い、小学校、中学校は地元の横浜中華学校に通い、高校は公立の横浜工業高校機械学科に進学した。卒業するとすぐに家業手伝いに入り、父親の死去で二四歳で店を継いだ。

「だから、僕は生粋のハマッコなんですよ」

　店内にいた男性客の一人が呂さんに声をかけた。

老舗の風格がある萬来軒

「行《ゆき》ちゃん、元気かい」
「うん。何とか生きているよ」
「幼なじみは、僕のことをいまだにチャンづけで呼ぶんですよ」と、照れくさそうにしているが、まんざら迷惑そうでもない。

人生を変えた「学校事件」

呂さんの人生には、三回の大きな節目があったという。最初の節目は一九五二年の「学校事件」で、これが普通の中国料理店の店主に終わらせなかったきっかけとなった。

一九四九年に中国に共産党政府の国が建国されると、横浜中華街では、大陸政府を支持するグループと国民党の台湾政府支持派に分かれ、対立するようになっていった。一九五二年に、それまで大陸政府、台湾政府支持者の両方の子どもが学んでいた横浜中華学校が閉鎖された。台湾政府支持者の子弟はそこにとどまり、大陸政府支持者の子どもたちは、翌年新たに設立された横浜山手中華学校で学ぶことになる。

「僕はそのとき小学校六年生だったけれど、すごくショックだったのを覚えています。中国では国民党と共産党の内乱が続いていたし、子ども心に同じ民族なのになぜ仲良くできないのかなと思っていました」

走馬灯のように浮かぶ一九七〇年代

第二の転機は、祖国・中国を取り巻く国際情勢の変化だ。一九七〇年代に入ると、それまで孤立状態にあった中国が国際社会に復帰するはずみをつけるような出来事が次々に起こった。「今でも、それら一つ一つの出来事が走馬灯のように浮かんできますよ」と、記憶の底をたどるように話した。

まず、一九七一年一〇月には、第二六回国連総会で中国招請、台湾追放のアルバニア案の採決が行われ、可決されて中国の国連復帰が決まった。この三ヶ月前の一九七一年七月には、アメリカのキッシンジャー（一九二三〜）大統領国家安全保障担当補佐官が北京入りして周恩来（一八九八〜一九七六）首相と会談し、翌一九七二年のニクソン（一九一三〜一九九四）大統領の訪中が決定した。そして、翌一九七二年二月、ニクソン大統領と周恩来首相との歴史的な首脳会談が実現した。これが日本と中国への接近に拍車をかけ、同年九月二五日に田中角栄（一九一八〜一九九三）首相が中国を訪問し、日中共同声明が調印されて日中国交正常化が実現した。

日中国交正常化で華僑の大陸往来が認められるようになり、「一九七四年に初めて中国に帰りました。そのとき、折しも建国二五周年の祭典（中華人民共和国建国二五周年祝賀式典）が行われていましたよ」

呂さんが、中国に「行った」と言わずに「帰った」と表現しているところに、祖国に対する深い思い入れが感じられる。日本にいても心は中国にある、そんな華僑たちの心が祖国を支えてきたのだというが、それは同時に、華僑が異郷で頑張ってこられた原動力となっていたのではないだろうか。

香港主権返還式典に来賓参加

さて、小学生のときに体験した学校事件の影響を受けて、二〇代になったときは萬来軒を経営するかたわら華僑団体「横浜華僑総会」の役員になり、その活動に積極的に参加するようになった。横浜の華僑団体は横浜中華街が形成されるとすぐに設立され、相互扶助を中心に華僑が日本で生活する上で直面するさまざまな困難を解決し、その自立を助けてきた。日本政府や中国政府との交渉や交流の窓口にもなり、日本と中国に国交がなかった一九七二年以前は大使館の役割も果たし、華僑に及ぼす影響力は大きかった。

学校事件以来、華僑団体も大陸系と台湾系に分裂し、大陸系の団体は「聯誼《れんぎ》会」という新たな組織を結成して活動を続けることになったが、一九七三年に「横浜華僑総会」に改められた。そのため現在も、横浜には大陸系と台湾系の二つの華僑総会が存在することになる。呂さんは、横浜華僑総会の副会長を長く務めた後、一九九〇年に会長に就任する。そして、一九九九年に退任するまでの一〇年間は、華僑の生活環境改善を整えるために尽力するとともに、中国の歴史的なセレモニーにも参加するなどの多忙な日々を過ごした。一九九七年の「香港主権返還式典」、一九九九年の「中華人民共和国建国五十周年祝賀式典」、同年の「マカオ主権返還式典」がそれで、いずれも中国政府の来賓として招かれた。

長年の活動歴の中でも、ひときわ思い出に残る出来事がある。二〇〇一年七月に東京・新宿区で開催された「世界華僑華人中国平和統一促進大会」に主催者として参加したことだ。これは、中国と台湾の平和統一のためのイベントで、「実行委員会を組織して、企画から開催まで主催者の立場で参加しました。世界三五ヶ国から一〇〇〇人近い参加者があり、初期の目的を達せられた大会でした」と、当時を振り返って懐かしそうに話す。華僑団体の役員になったそもそもの理由が大陸系と台湾系の政治的な対立であったことから、このイベントの成功は長年の願いに一歩近づけたといえる。

三〇年以上も役員を務めた横浜華僑総会の役員を降りるのは、一九九九年のことだ。新たに創立された在日中国系経営者団体「日本中華総商会」の初代会長に就任するためで、改革・開放政策以降に来日した若い世代の経営者の起業支援やビジネス支援をするというのが第一の目的だが、台湾系経営者にも呼びかけて設立した前例のない組織である。

「今まで中国人の事業といえば零細企業が主だったのですが、中日関係の発展にともなって新華僑の事業が広がってありとあらゆる分野で活躍している。日本は経済的に先進国ですから、日本を起点として日本の企業との経済的発展を強めると同時に、近隣諸国との関係を強めていかなければならないと思います」

日本中華総商会の会員数は二〇〇社近くになり、好調なスタートを切った。その活動は、起業セミナーの開催、会員と日本企業との情報交換、中国政府や中国の商工会議所への訪問、世界華商大会への参加（「はじめに」を参照）などがある。

呂さんに三度目の人生の節目が訪れたのは、二〇〇一年秋のことだ。

「実は、昨年の秋に病気が見つかって大きな手術をしたのです。みなさんに迷惑がかかっては悪いと思って、華僑団体の役職は全部降ろさせてもらいました」

しかし、勇退した今も、「新しい人たちを含めて組織を活性化していくためには積極的に進めていくということが会の発展につながると思います。各年齢層が一体となることはどこの組織でも大切なことです。若い人からは活力あふれるアイデアを、老華僑からは過去の経験から培ってきた人脈を分かち合うということがあって、会の発展が保証されていくと思います」と、若い世代に夢を託したメッセージを送っている。

地域社会との良好な関係づくり

中国人としてのアイデンティティを保ちながらも日々の生活基盤は日本である在日華僑にとって、地元行政との良好な関係づくりは欠かせない。

「在日華僑の使命は、生活基盤である地域の人たちといかに仲良くお付き合いをするかです。そのためには、謙虚に振る舞うことが大切かと思います。地域の発展は、自分たちの事業や生活をしていくうえで一番大切なことですから。決して目新しいことではありませんが、それが基本であり、それを誠実に実行していくことが自分たちに与えられた仕事ではないかと思います」

日中国交正常化以降、在日華僑を取り巻く環境は変化している。以前は、大学を卒業しても日本の一流企業には就職できないという理由から大学に進学しないという人が多かったが、最近では改善され、多くの企業が華僑の若者を受け入れるようになった。大学教授、弁護士、医者などの社会的に高い地位に就いている人もいる。このような日本の社会の変化が、呂さんに前述のような発言をさせているともいえる。

「日本が在日華僑を受け入れてくれるようになった。本当に、これは素晴らしいことですよね」

この言葉の裏には、長い間の忍耐の期間があったことが感じられた。

人脈は財産

華僑団体の役職を降りても、横浜市に関係の深い企業や公共施設の役職を続けているのもこうした日ごろの願いがあるからなのだろう。現在、横浜FM放送の番組審議会委員と「財団法人横浜市ふるさと歴史財団」の評議員を兼任している。

「横浜FMは五年前からやっています。毎月一回委員が集まって、新番組について良いか悪いか意見を言うんです。リスナーは二〇、三〇代が中心なので、番組もロックだとか音楽番組が多くて世代のギャップ感もあるけれど、僕のキャラクターなのか、結構好きなこと言っていますね」

委員は四人から五人で、ほかには音楽家、雑誌編集者、横浜の経済人などがいる。番組審議会委員に選ばれたのは社長の指名で、社長とは以前から個人的な付き合いがあったようだ。横浜FMの藤木幸夫社長は、藤木企業（港湾荷役事業）の会長を務める一方で、横浜港運協会会長、横浜スタジアム会長、横浜ベイスターズ取締役など文化事業を運営している「横浜の顔」だ。

一方、横浜市ふるさと歴史財団の方は、横浜の歴史や文化財の調査・研究と資料の一般公開などをしている公益法人で、「横浜市歴史博物館」、「横浜開港資料館」などを管理運営している。呂さんは二〇人の評議員の一人で、「財団の開発計画の審議や予算審議に携わっていますが、審議員に選ばれたのは、これまでの横浜市長との関係で、とくに地域行政との関係を強化するために微々たる努力をしてきたからでしょう」と話す。華僑団体の役員として、地域の維持発展のために尽力してきたことが評価されたということだろう。

「長い間、横浜に住んでいるから、いろいろな人脈ができてそれが財産になっています。とてもありがたいことだと思いますね。一介の中国料理店の親父がお付き合いできないような方たちとも話ができるのですからね」

いまや、横浜の地域社会にとってもなくてはならない存在になっている。

異文化交流の大切さ

戦前、戦中、戦後を日本で暮らしてきた華僑にとって、争いのない平和を望む気持ちは日本人以上に強い。とくに、日中間の関係はいつも気がかりなところだ。

「日本に暮らし、日々、日本の方と接していますから、今、中日関係がどうなっているかなど、肌身に感じますよ」

二〇〇一年八月、小泉首相が靖国神社に参拝した靖国問題の後は中国人の間に反日感情が起こり、両国の間がぎくしゃくしてきたのを感じ取っていた。冷戦が崩壊した今、経済と同様に私たちの生活の中における文化の役割は大きくなったので、文化交流を通して相互理解を深めることが争いのない社会づくりに役立つというのが呂さんの持論だ。

「世界各国が独自の文化をもっているから、互いの文化を尊重し大切にしなければならないと思うんです。異文化だからこそ尊重しなければならない。文化交流を強めることによって、相互理解を深めることができる。二〇世紀は戦乱の世紀だったけれど、これからは争いのない平和で繁栄する世紀にしなくてはならないと思うのです」

その文化交流で大切なことは、異なる相手の意見を尊重し、それを抹殺してはいけないということだ、と力を込めて言う。これに関連して、最近、目を引いたニュースがある。

日中国交正常化三〇周年記念で、二〇〇二年九月に北京で公演を行うことになった日本のロックグループ「GLAY」が中国の江沢民国家主席（当時）と会見したという記事である。新聞によると、中国の首脳がロック歌手に会うのはきわめて異例のことで、しかも江主席は金髪に染めたメンバーに「スタイルがいいね」と話しかけている。

「江沢民という人は七〇代ですよ。ロックというと眉をしかめる世代でしょ。それなのに『かっこいいね』と言って握手した。これは、周りに及ぼす影響力が大きかったと思うんですね。日本の若者からすれば、共産主義の国の親分がロックに興味もっていたとなれば、政治にはまったく興味をもっていない人でも中国を見る目が変わると思うんですね」

サブカルチャーやスポーツを体験することは往々にして人の心を開かせ、異文化を理解させるよい機会になる。

「頑なに自分の主張を繰り返したって、相手が聞く耳をもたないかぎり永遠に接点がありませんよね。そういう意味で、GLAYの件はよい意味での番外編であったと思います」

同じ意味で、日本と韓国で行われたサッカーのワールドカップの開催は計り知れない効果があったと呂さんは考える。ワールドカップによって日本と韓国は、「近くて遠い国」から名実ともに「近くて近い国」になったからだ。中国は二〇〇八年に北京でオリンピックを開催することが決まっており、さらに二〇一〇年に行われる世界博覧会の開催地として上海を申請している。これらの国際的なイベントを通じて得られる付加的な効果は、絶大だと考えているようだ。

二〇〇二年は、日中国交正常化三〇周年の年であった。日本、中国両国でさまざまな文化、スポーツ交流が行われた。中国映画鑑賞会、中国楽器の演奏会、日中両国の中学生による卓球交歓会、シルクロードの新疆ウイグル自治区の工芸、絵画、彫刻展など、インターネットの検索だけでもざっとこれだけのイベントが出てきたが、その効果はいかばかりであっただろうか。

二一世紀の中国が経済面だけではなく文化面においても相当な役割りを担うことを期待していることが、呂さんの口ぶりから察せられた。

閉店しても在日華僑の「顔」

二〇〇一年の秋に病巣が発見されて以来、数多くの華僑団体の役職を譲り、「やっとこれで家業の料理店経営に専念できる。お客さんと時間をかけてコミュニケーションすることが私の長年の夢だったのです」と言い、日々の生活を楽しんでいるかのように見えた呂さんだったが、その料理店を二〇〇三年二月に閉めた。

「一時は完治したかのように見えた癌が再発したのです。これからは自分自身との闘いだと思って一日一日を大切に生きていきたいと思います」と、病いに侵されているにもかかわらず、電話の向う側から聞こえてくる声ははっきりとしていた。

七〇年の歴史をもち横浜中華街でも指折りの老舗の看板が下りることを惜しむ声は多い。呂さんの父親の代からひいきにしている客や、呂さんの温厚な人柄を慕って遠くからでも通ってきた人が少なくなかったからだ。

萬来軒の閉店のニュースを聞いたとき、筆者は在日華僑社会に一つの時代の節目が来たことを感じた。しかし、萬来軒がこのまま中華街から姿を消しても、長年、日中間の橋渡し役を勤め、華僑の生活を支えてきた呂さんの功績は決して忘れ去られることはないだろうと思う。


（取材日：二〇〇二年九月）

12 中国を紹介する

任《にん》　政光《せいこう》

一貫したコンセプトで経営を続けてきた任政光さん

ＪＲ根岸線横浜駅の二つ先、石川町駅の西側、横浜市中区松影町一帯の街並みは、簡易ホテル、飾り気のないコンクリートのビル、倉庫などが目につき、極彩色で彩られ一年中観光客で賑っている駅の反対側の横浜中華街とは打って変わった光景だ。「株式会社中国貿易公司」の本社ビルは、その石川町駅から西へ歩いて五分くらいの所にあり、社名を赤く書き抜いた大きな看板が掲げられているのが目印となっている。この一角がゆえに、赤色がいっそう鮮やかだ。

社長の任政光《にんせいこう》さんが、中国商品の販売を始めたのは日中国交正常化前の一九六八年のことだ。新華僑がＩＴやコンサルタント業など、従来の華僑の職業のイメージから脱却して斬新なアイデアで操業しているのに対して、創業以来一貫して中国製品を輸入して販売する仕事に携わってきた。生まれ育った日本を本拠地に、「中国を日本に紹介する」というコンセプトの下に商売を続けている。

長崎生まれの華僑三世

一九四〇年生まれの六二歳。取材の朝、中国貿易公司近くの交差点で任さんを見かけた。会うのはこれが二回目だ。パーマをかけたおしゃれなヘアスタイルで、北風が吹く中をコートなしにさっそうと歩く姿は年齢を感じさせない。

中国貿易公司のビルは一階が倉庫で、オフィスは二階だ。長い通路の両側にいくつかの部屋が設けられており、手前の部屋が応接室、奥が事務室になっていた。長崎生まれの華僑三世で、祖父は日本が開国する前の一八四九年に福建省から同郷者を頼って来日し、貿易の仕事を始めた。商売を継いだ父は、日中戦争が勃発すると商売を継続することが困難だとみて、長崎中華街の中に中国料理店を開店した。任さんは、この中国人の父親と日本人の母親から生まれたが、それは珍しいことではなかった。

「日本と中国の政治関係が悪化してきたので、中国から女性を呼び寄せることができなくなり、当時、適齢期にあった中国人男性のほとんどが日本人女性と結婚したのです」

長崎は、古くから中国と交流があった所で、日本が鎖国政策をとっていた江戸時代は唯一の開港地で、中国人商人の住む唐人屋敷が設立されていた。民間レベルの交流も活発に行われており、日本婦人と結婚したり永住するのも珍しいことではなく、長崎市民の三分の一が中国血統をもっているといわれている。

中華学校（小学校）を卒業した後、現在も長崎で有数の進学校として知られている海星中学、海星高校で学ぶ。上京したのは、日本大学経済学部に進学するためだった。一九五八年のことである。

中国の書物をめぐって

日大を卒業した後は、中国大陸で発行されている書籍、雑誌を販売する「中華書店」（東京・文京区、当時）に就職した。中華書店に勤務していたのは五年間だったが、この間、日中関係を身近なところで経験し、それはその後の人生の礎となったようだ。

中華書店は一九六三年八月の創業で、設立の背景には一九六〇年代の国際共産主義運動路線上の違いから、中ソに続いて日本共産党が中国共産党と断絶した経緯がある。日本共産党は中国大陸で発行される書籍、雑誌は取り扱わないことを決めたために、中国政府直轄の中国国際書店と東京華僑総会が支援して中華書店が誕生した。一方、当時、社会主義国の書物を販売し、民主書店と呼ばれていた神田の内山書店、亜東書店、東方書店らは日本共産党の影響を強く受けていたために、党が出した方針に従うか、それともこれまで通り中国との友好関係を続けて中国の書籍を販売するかで各店が悩み、書店の協議会で議論が行われた。

「最終的に内山書店の店主が『中国大陸で出版された書物を販売するのがいいのか悪いのか、それは選ぶ側の日本国民のみなさんに任せたらいい。われわれの役目は書物を提供することだ』と発言したことから、その意見が主流になって各書店では以前のように中国の出版物を置くようになったのです」

内山書店は戦前、上海で内山完造（一八八五〜一九五九）によって創業され、魯迅をはじめ中国人知日派文化人や横光利一（一八九八〜一八四七）、金子光晴（一八九五〜一九七五）ら日本人の作家たちに愛好されて交流の場所ともなった。内山は日中交流に貢献した庶民として称えられ、戦後、日中友好協会が設立されたときには初代理事長に選ばれている（内山書店は、現在、内山の弟の子ども、つまり甥が経営を引き継いでいる）。

中華書店は善隣学生会館（現在の日中友好会館）で三八年間、その後、神保町の店に移転して現在に至るまで中国の書籍を提供してきたが、「人民中国」、「北京週報」、「中国画報」などは今でも発行されているロングセラーの雑誌で、任さんは当時を懐かしむかのようにこれらの名前を口にした。

中華書店を去るのは、一九六七年に起こった「善隣会館事件」が理由だ。これは、善隣学生会館と同じビルに本部が置かれていた日中友好協会の日本共産党員の事務局員と、同ビル三、四階にあった華僑学生寮「後楽寮」の学生らの口論がきっかけになって、それぞれの応援部隊が駆けつけて乱闘事件に発展した事件だ。任さんは巻き込まれて頭蓋骨陥没の全治三ヶ月という重傷を負い、慶應義塾大学病院に入院することになった。

退院が決まったとき、治療にあたった医師は「しばらく安静にするように」と忠告した。事件後、日中友好協会は中華書店と同じフロアーの、しかも対面に事務所を構え、緊張状態が続いていたからだ。

任さんは、中華書店時代に話が及ぶと急に身を乗り出して堰を切ったように話し出した。祖父が日本に来た年や、商売を始めた年を聞いたときには上着のポケットから手帳を出して確認しながら答えていたのに、それよりも前の時代のことをまるで昨日のことのように鮮明に記憶している。任さんの人生にとって、輝かしい青春の一ページだったにちがいない。

「乱闘に巻き込まれたことは少しも後悔していない。けれど、書籍を提供することで中国を紹介したいと思っていたのが、思わぬことで身を引くことになったのが残念でした」と話して、ふいに口をつぐんだ。華僑青年としては当然のことをしただけだ。むしろ、名誉なことだったと思っているよ、と言いたそうであった。

広州交易会の商談に参加

日中間に国交がなかった一九七二年以前の民間貿易は「友好取引」と呼ばれるもので、一九六〇年八月に中国の周恩来首相によって提案された「対日貿易三原則」の方針に沿って行われ、友好取引に従事する日本の商社を「友好商社」と呼んだ。任さんは「書物の次は、物品で中国を紹介しよう」と個人商店を設立し、友好商社から湯呑茶碗、刺繍、彫刻など中国の民芸品を仕入れて、横浜中華街の中に店を借りて販売した。

中国と輸出入の取引をするために初めて中国に行ったのは一九七〇年のことだ。中国に共産党政府が樹立されてから、華僑は日本と大陸との間を自由に往来できなくなっていた。一旦、日本を出国したら帰ってこられるかどうか分からない。そこで、日本赤十字社に「祖国参観」という形で保証してもらい、商談に参加した。

「中国が経済封鎖されていた時代で、中国商品を輸出する商談の場所は中国国家機構の『広州交易会』一ヶ所に決められていたのです。日本からは中国へ乗り入れる国際線はなかったので、香港まで飛行機で行って、そこから列車に乗り換えて広州に向かいました。広州交易会には日本を中心とする世界中のバイヤーたちが集まっており、中華人民共和国国家機構（国貿促）の認定商社と中国から輸出できる商品を集めて輸出入の契約を行ったのです」

実績を積んで事業が拡大し始め従業員も雇えるまでになったとき、それまでの個人商店から株式会社を設立する。それと同時に、貿易部門と小売部門を分離して別会社化した。まず、一九七一年に貿易部門を「株式会社中国貿易公司」として登記し、それから遅れて一九七八年に小売部門を「株式会社中貿」として登記した。中貿は、中国物産品の店を設立して、中国貿易公司が輸入した商品を販売している。

「分離した理由は、小売部門の方は日、祭日は売り上げが多いので従業員に休んでもらえないが、逆に、貿易部門の方は仕事がないという状態で、同じ社員なのに勤務状況が違うのはまずい。それでは、いっそうのこと別の組織にしたらどうかと考えたのです」

とはいえ、横浜中華街にある小売店にはいまだに「中国貿易公司」という看板がかかっている。お客には中貿という社名よりも中国貿易公司という名前で親しまれているために、看板を書き換える時期を逸してしまったからだ。

貿易高が三〇〇倍に増加

日中国交正常化以前に、華僑が日本で商売をやっていくにはさまざまな障害があった。日本の銀行は華僑とは取引をしなかったので、銀行から資金を借りることはできなかった。預金も簞笥《たんす》預金であった。取引先の決済方法はいつも現金取引で、それ以外の手形取引などの方法は認められなかった。中国貿易公司を設立した翌年の一九七二年、先にも述べたように、田中角栄首相はアメリカのニクソン大統領に続いて中国を訪問し、周恩来首相と会見して日中共同声明に調印したことによって日中国交正常化が実現した。

「それまで日本の大手デパートは中国製品を扱わなかったのですが、前年の一九七一年になって初めて中国製品を置いてくれるようになったので、もしかしたら、という予感はしましたね」

国交が回復されてから、商売はそれまでに比べて格段にやりやすくなった。銀行は取引を開始し、取引先はデパートのほか、全国の中国物産店や中国料理店向けの食材を取り扱う問屋などに拡大した。輸入量や輸入品目も、それ以前に比べて桁違いに増加した。

「日中貿易の商談の場所が広州交易会だけだったのが、上海、福建省など商社のところに直接出かけていって個別に取引ができるようになりました。輸入量は、それ以前の三〇〇倍くらいになったかなあ」と、任さんの目が輝いた。

ウーロン茶輸入の先達

「商品を通じて中国を紹介するという創業時のコンセプトに沿って、中国のさまざまな商品を幅広く紹介してきました。その中で売れたものもあるし、そうでないものもある。継続して仕入れるかどうかは売れ行き次第ですね。でも、最初から商品を絞り込んだりはしない。新しい商品が出ればとにかく一度は紹介する姿勢でやっています」

そのために商品の入れ替わりが激しく、お客さんに「商品リストのカタログを下さい」とよく言われるようだが、カタログがつくれないくらい頻繁に商品が入れ替わっているとのこと。

「今でも年に二回は広州交易会に参加して、各ブースを回って新商品を仕入れているのです。一回ごとに一〇〇〇種類ずつ新製品が増えていますから、それを半年先の広州交易会までの間に順々に紹介しているのです」

このように、最初から狙いを定めない方針を守っていてもこれまでにヒットした商品がいくつかある。その一つが、一九七〇年代にほかの商社に先駆けて日本に紹介したウーロン茶やジャスミン茶で、大きな売り上げを上げた。そして、その後大手商社が参入して、有名メーカーのブランド名の入ったペットボトルや缶入りのウーロン茶が日本で販売されるようになると本格的な中国茶ブームが到来することになる。全体的な消費量は増えたが、先達の中国貿易公司は、その名前が世間に知られる前に大手商社に取って代わられた。

一般的に大手商社が参入する時期は、特定の商品がマーケットの一〇パーセントを超えたときだといわれている。それまでコツコツと仕入れてきた中小の商社は、そこで潰されるというのが日本の流通界のお決まりの構図になっている。

「貿易では、ある量になると大手に太刀打ちできなくなるのです。それに気がついたときから、貿易ともいえない少量単位で、しかも卸し専門で商売やってきましたから何とか今まで生き残ってこられたのでしょう」と、自分自身を納得させるような口調で話した。

処分できる品目しか輸入しない

輸入品目は、食品と家具、繊維、アクセサリーなど生活関連用品に限定しているが、その理由は過去二回の苦い経験があるからだ。一回目は日中国交正常化の前に、中国を自由に往来できない自分に代わって日本人社員を派遣したが、その社員は会社に内緒で毛皮の原皮の輸入契約を結んで帰ってきた。その後、原皮の国際相場が変動したために会社は存続の危機に直面する。

「会社の名で契約しているので、契約不履行にすると今後商売ができなくなる。といって、私は原皮の商売の経験はないし、日本での売り先も分からない。すがる思いで華僑商社（華僑経営者が経営している商社）と友好商社に問い合わせをしてみたら、幸い、一社だけ原皮を扱っているところがあったのです」

契約を履行して、その商社に肩代わりしてもらって危機を乗り越えた。二回目は、友人に頼まれて仕入れた人髪だ。

「人髪からアミノ酸を製造するということで仕入れたのですが、輸入後に友人が引き取らないと言ってきたのです。コストをダウンしてでも引き取って欲しいと頼みましたが、それでも引き取らなかったので結局は焼却処分にしました。人髪の原価は安いものだったのですが、軽いので嵩張るのです。それを保管しておく倉庫代が非常に高くつきました」

友人だからということで契約書を交わしていなかったために、法的に決着をつけることもできなかった。

「たとえ納品先がキャンセルしたり、引き取らなかったとしても困らないように、自分たちで処分できる商品しか仕入れないようにしようと決めたのです」と、これらの苦汁の経験から学んだことは大きかったようで、その後、会社は順調に発展していった。

問屋が大きくなっている理由

「あるとき、中国と貿易している日本の中小の商社はだめになるところが多いけれど、逆に問屋はどんどん大きくなっている。これはいったい、なぜだろうかと考えたのです」

一九六〇年代後半から一九八〇年代に活躍した四〇〇社の友好商社のほとんどが廃業している

という事実もある。

「日本の会社は、納品期日と商品規格に厳格です。一センチでも規格に合わないと不良だと言われて引き取ってもらえなかったり、貿易業者にマージンを払わなかったりするのです」

中国は、出荷前の工場の検品が甘いということは日本の商社からよく指摘されることだ。大手商社が関係している取引では、商社が専門の技術者を中国工場に派遣して規格通りにつくれるようになるまで指導したり、出荷前に再チェックしたりする。しかし、中小の商社の場合は経済的にも人的にもそんな余裕はないので、中国の工場の検査に任せざるをえない。商社が商品を輸入して引き取りを拒否されると、たとえコストダウンをしてでも引き取ってくれるところを探さなければならない。最終的には、問屋に商品を持ち込み、ディスカウントして引き取ってもらうケースが多い。

「日本の規格に合っていないというだけで、中国商品が全部だめかというとそんなことはない。日本マーケットに通用する質の高いものもあるし、実用にはなんら差しさわりのないものが多い。そこで、問屋が儲けてどんどん大きくなっていくのだと分かったのです」

任さんはこれに気がついたときから、納品期日や商品規格を決めて中国商品を輸入するという貿易はやらないと決めた。商品が輸入されたら、中国貿易公司の営業マンが現物を持って取引先を回る。万が一、相手が引き取らなくても構わない。中貿直営の販売店でさばけると自負しているからだ。サバイバル時代の会社経営の秘訣を見た思いだ。

「創業から順調に売り上げが伸びてきたのも、このようなやり方で価格を壊さなかったのがよかったと思ってます」

トレンディなミニ中華街

中国貿易公司の商品を置くために設立した販売店の数は全部で一三店舗。このうち、中貿の直営店が五店舗、中国貿易公司直営店が一店舗、別会社化したものが七店舗ある。

「国内の販売店のロケーションの決め手は、いずれも中華街だということです。もともとの中華街である横浜中華街と長崎中華街、それ以外

横浜中華街内にある中貿

にも、イメージで人為的につくった全国の中華街に出店しています」

まず、横浜中華街にある創業時の店「中貿　横浜中華街一号店」に続いて、日中国交正常化後の一九七五年には故郷の長崎市に「株式会社長崎貿易公司」を設立して、中国雑貨、チャイナドレス、纖維などの販売を開始した。その後、横浜中華街に販売店やレストランを次々に設立する。まず、一九七九年に中国食品、中国茶を販売する「中貿　横浜中華街二号店」を開店したのをはじめ、一九八三年に「中国超級市場　横浜中華街本店」（中貿直営店）を設立した。超級市場とは、日本でいうスーパー・マーケットである。続いて、一九八五年に中国レストランの「唐三彩」（中貿直営店）を、一九八八年には、チャイナ・ドレスや纖維を販売する「チャイナ・シティ」（中貿直営店）、一九九三年には、民芸品、纖維を扱う「中芸」、さらに一九九五年には、中国絨毯専門店の「チャイナ・カーペット」を別会社として設立している。

そして、一九九九年から二〇〇〇年にかけては、全国のミニ中華街への出店を開始する。場所と店名は、東京都立川市の「中国超級市場　立川グランデュオ店」（別会社）、東京都港区お台場の「中国超級市場　DEXお台場店」（別会社）と民芸、菓子の店「時代広場」、大阪千里の「中国超級市場　千里店」（中国貿易公司直営店）、名古屋駅構内の「グランド・チャイナマーケット」（別会社）である。

中でも「中国超級市場　DEXお台場店」が出店している「台場小香港」は、ビルの六階、七階全体を香港のイメージに仕立てて、香港さながらの雰囲気をかもし出している。ネオンが輝く中国語の看板を掲げた繁華街や、何やら怪しげな感じのする路地裏を模した通路をつくっているほか、飛行機の轟音や波の音までが聞こえる。店舗は二〇店で、提供するサービスはユニークだ。回転飲茶や香港屋台料理店、ブームの風水グッズを売る物産店、中国マッサージやセラピーの店もあり、トレンディなスペースとして注目されている。

仕事が好きであることが第一

中国貿易公司と中貿の組織と社員数は、中国貿易公司は、仕入れ・卸し担当、経理、在庫管理、営業販売の各部門に分かれており、社員数は一五人だ。一方、中貿で働く社員は一〇〇人を超えている。

任さんは両社の社長を務めているが、現在は営業や仕入れには直接携わらないで、中国貿易公司の方は各部門の担当者に、販売店は各店の店長に業務や人事のいっさいを任せている。しかし、各店舗からの売り上げを確認したり、定期的に販売店を回るなど現状把握に努めている。また、新規に店が開店するときや店の改築のときには必ず相談に乗っており、要所要所はきちんと押さえているようだ。

従業員は「中国貿易公司の方は日本人、中国人半々くらいで、中国人は日本生まれの日本育ちです。一方の中貿の方は、新華僑の人も採用しており、店長として活躍している人もいます」

最近では、社員採用の面接に立ち会うことは少なくなったが、「人を採用するときは、その人が仕事が好きかどうかを見抜くことが第一で、能力はその次の問題です。仕事が好きであれば、多少の困難が起こっても乗り越えていけるからです」と、長年にわたって人を雇用してきた経験から採用時のポイントを話した。

会社の売り上げは、中国貿易公司が年商三〇億円、中貿は年商一〇億円くらいだ。今年は各販売店とも売り上げがダウンしているが、その理由を次のように話す。

「中国野菜に国内基準以上の農薬が使われていることや、中国製の健康食品を服用した人が肝機能障害の被害にあっているなどが報道されてから、全国的に売り上げが三〇パーセントくらい落ちているのです。食品と直接関係がないような衣料品の売り上げまで落ちています。中国のイメージがダウンしたということでしょうかね」

在日華僑の遺産

任さんはインタビューの間、常に端正な言葉使い、折り目正しい態度で微笑を絶やさなかった。日本と中国、二つの社会の狭間でさまざまな苦楽を経験しているだけに、少々のことでは動じない大人の年輪を感じる。二〇代のときに、善隣学生会館で日本共産党員らと乱闘事件を起こした血気盛んな姿を想像するのは難しい。

会社経営のコンセプト「中国を紹介する」の背景には、中国国籍をもち、自身の中に中国人の血が流れていることへの強い自覚があるようだ。一九八〇年代以降中国から多くの若者が来日する中で、彼らとの間にアイデンティティの面で隔たりを感じることが往々にしてあるようだ。共産主義体制下の中国で生まれ育ち、比較的恵まれた家庭に育った新華僑には、老華僑の苦しい時代が実感できないという人がいる。日本で商売を始めて年数が浅く会社が発展途上にあり、日常的な忙しさに追われて中華民族の誇りや祖国愛について深く考えられるほどの心の余裕がない華僑経営者も少なくない。

任さんは、このような日本の華僑社会の現実をふまえながらも、インタビューの最後を次のような言葉で締めくくった。

「たとえ、生まれた国や育った環境が異なっていたとしても、中国人であることに変わりはありません。そして、今、自分たちがここにあるのは、先輩たちが努力して生きてきた歴史がゆえだということも忘れないでいたいのです。在日華僑が幾多の時代の波を乗り越えて今日まで築き上げてきた歴史を有形、無形の遺産として、後輩たちに語り伝えていくことが我々の務めであると思います」

（取材日：二〇〇二年一二月）

あとがき

私は、華僑経営者のインタビューを通じて、多くのことを教えられ、考えさせられ、そして今後の課題をもらった。その中でも、とくに印象に残ったことが二つある。一つは、五年、一〇年を単位に、長いインターバルでビジネス展開していること、そして二つ目は、ハングリー精神に由来する行動力である。

グローバル化時代を生き抜くためには、外部の変化に機敏に対応して時代の波に乗ることが要求されるが、他社に先んじるためにはそれだけでは不十分で、現状を緻密に分析し、将来の市場動向を読み独自の戦略を立てることが必要である、と指摘する人もいる。華僑経営者たちは、事業が軌道に乗るまでの時代について、異口同音に「何もないところから出発したんだから、行動起こせば何か出てくるという自信がありましたよ」と回想し、「死ぬほど苦しんだことがある。だから、もう今は何も恐くはない」と超越した心境に達している。それを聞いたとき、人間というのは、ハングリーな状況に直面すると順境のときには考えられなかったような斬新なアイデアが泉のように生まれ、人を大胆な行動へとつき動かすのだなと感心させられた。

このような話から思うのは、今の日本社会である。長く平和が続き、豊かになった日本で、何かが失われてしまっているような気がしてくる。たとえば、若い世代の人たちと話をしていると、今一つ気迫がないように感じる。守りの姿勢が強く、冒険心が見られない。四年制大学を卒業したのに、安易にフリーターになっている人もいる。インタビューの中で「なぜ、その業種で創業したのですか」と質問したとき、「人脈もない、資金もない中で、ほかに選択できるものはなかったのです」と答えた人がいた。華僑よりもずっと恵まれている環境にある日本の若者が、本当にフリーターするしか選択肢がないのだろうか。

中国人の海外移住が盛んだった二〇世紀初頭は、移民たちが頼りにしたのが親族、同郷者で、使用人として雇ってもらったり、大店の店先を借りて雑貨商を営んだ。その中には、日々の稼ぎの中から節約して貯めた金を元手にして商売を始め、それが軌道に乗って大きな財を成した人もいる。しかし、時代の変遷の中で華僑社会も大きく変化してきている。とくに、若い世代の人たちは欧米の影響を受けて個人主義的に物事を考え、個人の志向を優先するライフスタイルを好むようになってきている。血縁、同郷者ネットワークに頼らないで、独力で事業を起こす人も多い。

いずれにしても華僑は、伝統的に異郷で生きる知恵を身に着けている人たちであると思う。二一世紀はボーダーレスの時代だとよく言われるが、華僑はそう呼ばれるかなり以前からボーダーレス感覚で生きてきたと言えるのではないだろうか。

本書の「はじめに」で述べたように、伝統的な華僑ネットワークは「血縁、地縁、業縁」であり、その組織の特徴は「広範囲」、「永続的」、「強固」であることである。古来から中国文化の影響を多々受けてきた日本社会であるが、なぜかこの三要素が揃ったネットワークは見られない。日本に存在しているもっとも身近なものは「会社」というネットワークであろう。かつては年功序列で昇進、昇給していき、終身雇用が約束されていた。ところが、バブル経済崩壊後はリストラが行われるようになり、その会社ネットワークが崩壊しつつある。デフレ不況が長引いている中、いつまでも経済大国日本に安穏としてはおられない。

人生には運命的な出会いがあって、それによってその後の生き方が大きく変化したり、進むべき道が定められるということがあるというが、私にとっては八年前のマレーシア・ペナン島のクー・コンシーの寺との出会いがまさにそれであった。もし、ペナン島に立ち寄らなかったら、そして一筋違った道を歩いていてクーの寺に行き着かなかったら華僑に興味をもつこともなかったし、もちろん、この本を出版しようとする志もわいてこなかっただろう。

本が出るまでにはいろいろなことがあった。出版が危ぶまれそうになった出来事も二回あり、二回目は、大方の原稿の出稿を終えてこの「あとがき」を書いている途中にその知らせが入ってきた。落胆する心を奮い立たせてくれたのは、華僑経営者が語った自らの生き様だった。周囲に依存しないで自立していこうとする「たくましさ」と、日本社会に協調しながらも、中国人であるということの強みを生かして企業展開してきた「したたかさ」である。

そのおかげで、何とか出版までこぎつけることができた。お礼を言わなければならない人は多い。まず、忙しい社長業の中を長時間のインタビューに協力してくれた華僑経営者の方々に、また本の趣旨を理解し、在日華僑社会の現状について細かいアドバイスをして下さった日本中華総商会の呂行雄初代会長と、馮革事務局長にも感謝の意を表したい。

出版の進行にあたっては、最初から最後まで丁寧なご指導をいただき、書き続ける勇気を与えてくれた株式会社新評論の武市一幸社長に心から感謝したい。武市さんとのめぐり合いがなければ、おそらくこの本は出なかっただろう。また、出版社を紹介してくれ、励ましてくれたフォト・ジャーナリストの友田博さん（アジアゲートウェイ主宰）にもお世話になった。

最後に、拙文に最後までお付き合いいただいた読者の皆様にお礼を申し上げます。今後も、華僑の取材を続けていく所存です。

二〇〇三年　春

東京の仕事場にて　　　広田寿子

参考文献一覧

過　放『在日華僑のアイデンティティの変容』東信堂、一九九九年
蔡　林海『アジア危機に挑む華人ネットワーク』東洋経済新報社、一九九八年
余　英時／森紀子訳『中国近世の宗教倫理と商人精神』平凡社、一九九三年
ウイリアム・スキナー／山本　一訳『東南アジアの華僑社会』東洋書店、一九八一年
渡辺利夫編『華人経済ネットワーク』実業之日本社、一九九四年
樋泉克夫『華僑コネクション』新潮社、一九九三年
山下清海『チャイナタウン—世界に広がる華人ネットワーク』丸善、二〇〇二年
莫　邦富『商欲』日本経済新聞社、一九九五年
天児　慧『中華人民共和国史』岩波書店、一九九九年
NHK取材班編『周恩来の決断——日中国交正常化はこうして実現した』日本放送出版協会、一九九三年
日本経済新聞社編『WTO加盟後の中国経済』日本経済新聞社、二〇〇二年
週刊ダイヤモンド編集部編『沸騰する中国』ダイヤモンド社、二〇〇一年
中国研究所編『中国年鑑（二〇〇一年版）』創土社、二〇〇一年

法務省入国管理局編『在留外国人統計（平成十四年版）』、二〇〇二年
稲垣　清『図解　中国のしくみ　Ｖｅｒｓｉｏｎ2』中経出版、二〇〇〇年
小島朋之監修『中国のすべてがわかる本』ＰＨＰ研究所、二〇〇二年
西川武臣他『開国日本と横浜中華街』東京大修館書店、二〇〇二年
村上令一『横浜中華街的華僑伝』国分寺新風舎、一九九七年
横浜中華街発展会共同組合監修『横濱中華街オフィシャルガイドブック』一九九九年
毛毛／長堀祐造ほか訳『わが父・鄧小平1　新中国誕生へ』徳間書店、一九九四年
和田一夫『和田一夫の失敗に学ぶゼロからの経営学』すばる舎、二〇〇一年
金谷　治編訳『老子―無知無欲のすすめ』講談社、一九八八年
デヴィッド・シェフ／篠原慎訳『ゲーム・オーバー―任天堂帝国を築いた男たち』角川書店、一九九三年
孫　忠利『華僑ビジネスの秘密』こう書房、一九九六年
原田一男『本田宗一郎の教え』ＫＫロングセラーズ、二〇〇〇年

著者紹介

広田寿子（ひろた・かずこ）

大阪府出身。青山学院大学院国際政治経済学研究科修士課程修了。

大学院ではタイの華僑社会の研究を行った。

大阪日日新聞社、在京タイ王国大使館（経済投資事務所）勤務を経て、フリーランスのライターとして独立。

2001年以降は在日華僑経営者に的を絞って取材活動を続け、経済誌などに掲載している。

華僑のいま
——日中の文化のはざまで——

（検印廃止）

2003年5月20日　初版第1刷発行

著　者　広　田　寿　子
発行者　武　市　一　幸

発行所　株式会社　新　評　論

〒169-0051
東京都新宿区西早稲田3-16-28
http://www.shinhyoron.co.jp

電話　03(3202)7391
FAX　03(3202)5832
振替・00160-1-113487

落丁・乱丁はお取り替えします。

定価はカバーに表示してあります。

印　刷　フォレスト
製　本　清水製本プラス紙工
装　丁　山田英春
カバー写真　小沼正和

©広田寿子　2003　Printed in Japan

ISBN4-7948-0601-9　C0036

アジアの社会

著者・書名	判型・頁数・価格	内容
大西　剛 **イヤイヤ訪ねた世界遺産だったけど** ISBN 4-7948-0531-4	四六 332頁 2200円 〔01〕	【アジアで見つけた夢の足跡】韓国・インドネシア・カンボジア・タイ・ラオス―開き直って巡り巡ったその地にはアジアの真実の姿が待ち受けていた！アジア世界遺産旅游記!!
土方美雄 **北のベトナム、南のチャンパ** ISBN 4-7948-0535-7	四六 326頁 2500円 〔01〕	【ベトナム・遠い過去への旅】ホーチミンからハノイに至る旅を通して，消滅したチャンパ王国とそれに代わり覇者となったベトナムとの抗争を軸に，ベトナムの過去と今を探る。
土方美雄 **アンコールへの長い道** ISBN 4-7948-0448-2	四六 320頁 2500円 〔99〕	【ちょっと知的な世界遺産への旅】何故それほどまでに人はアンコール・ワット遺跡に惹かれるのか。内戦に翻弄されるカンボジアの人々の「現在」とその「歴史」の重みを伝える。
川野和子 **中国　魅惑の雲南** ISBN 4-7948-0375-3	四六 620頁 4000円 〔97〕	【一万二千キロの風景】日中兵士の悲劇の場となった「援蒋ルート」，そして少数民族の里を訪ね，華やかな民族衣装の裏側に隠された実像を活写する。口絵カラー8P，写真多数。
友田　博 **タイのチャイナマン** ISBN 4-7948-0304-4	四六 320頁 2500円 〔96〕	【かき混ぜて，ドリアン色の夢】44はタイのラッキーナンバー。44人のタイ華人やチャイナマンのエネルギッシュな日常とその夢の明暗を気鋭のルポライターが生き生きと描き出す。

※表示価格は本体価格です。

アジアの地域と人々の姿を知るための多様なアプローチの数々です。小社はアジア関係書の普及と多文化理解・国際交流への貢献をめざす**〈アジアの本の会〉**（出版社有志団体，目録呈）に参加しています。